Who is **My Neighbor**

「天國國民教育」書系

Who Is **My Neighbor**

「天國國民教育」書系

「天國國民教育」書系

誰是我的鄰舍

天國子民
愛鄰舍的信仰踐行

陳佐才．趙崇明．潘信超．紀治興
孔維樂．陳楚思．賴勇．許承恩
思程．司徒咏姍．陳競存　等著

誰是我的鄰舍——天國子民愛鄰舍的信仰踐行
作者／陳佐才、趙崇明、潘信超、紀治興、孔維樂、陳楚思、賴勇衡、
思程、許承恩、司徒咏姍、陳競存
策劃編輯／伍詠慈
責任編輯／呂瑋宗
美術設計／奇文雲海
出版發行／突破出版社
香港沙田亞公角山路 33 號突破青年村
電話：2632 0000　傳真：2632 0388
電郵：breakthrough@breakthrough.org.hk
網址：http://www.breakthrough.org.hk
http://www.btproduct.com
承印／海洋印務
2015 年 10 月初版 1 刷

Who is My Neighbor
by Alan Chor-Choi Chan, Andy Shung-Ming Chiu, Dickson Shun-Chiu Poon, Chi-Hing Kee, Wai-Lok Kung, Serene Chor-See Chan, Yung-Hang Lai, Aurora Cheung, Jacob Shing-Yan Hui,Wing-Shan Szeto, King Chan
First Printing, First Edition, October 2015

Printed in Hong Kong
ISBN 978-988-8246-82-3

本書照片除特別註明外，均由孫諾女士提供，特此鳴謝。

本書經文取自《聖經和合本》，版權屬香港聖經公會，承蒙允准使用，特此鳴謝。

誠邀閣下就突破出版社的書籍發表意見

歡迎加入突破書籍 Facebook page – http://www.facebook.com/btbooks.page

本書採用環保油墨印刷

社會文化

目錄

愛鄰舍——如同自己

看見——動了慈心

羣體——成為鄰舍

「天國國民教育3」導言

突破出版社

舊約《聖經》談及一個國民的興起，這個國民獨特的身分是以一神為主。新約《聖經》以為，這位一神履行信諾走進子民的歷史中，並說「天國近了」，叫世人跟隨他。這一班人就是現在一般人所稱的基督徒。

當我們談國族、城市、社會身分的時候，又如何理解《聖經》賦與基督徒的身分——天國子民？

教育，是種族自存和文化延續的渠道，基督徒羣體要活出天國子民的內涵，又要透過怎樣的教育？

這是「天國國民教育」書系的緣起：透過文字、反思，一羣信眾在同一平台對此身分探省勉勵。

2013年出版《褪色的天國子民》，藉〈彼得前書〉二章9節，讓讀者反思子民身分的實質；2014年出版《行在地上的天國子民》，藉〈馬太福音〉六章10節，反思子民使命的實踐。

2015年《誰是我的鄰舍》，引用〈路加福音〉十章25至37節，耶穌述說的故事，反思天國子民在地上與身邊人的關係，如何實踐信仰，見證基督。我們邀請了陳佐才牧師和趙崇明博士，先論述經文和處境；再邀請不同界別的信徒分享他們實踐的故事和領會；最後由陳競存先生書寫羣體見證的勉勵。

由於篇幅與編修時間的限制，本書收納的文章未必展示所有討論，我們旨在作為起頭，邀請讀者一同思考、延伸、踐行天國子民的身分，透過閱讀經歷一場心靈教育。

愛鄰舍

如同自己

在撕裂社會中反思「愛鄰舍」

陳佐才

在教會的圈子內，談到「愛鄰舍」，相信每一個信徒都忘不了耶穌說的撒瑪利亞人憐愛受傷者的故事（路十 25-37）。那故事有兩部分，第一部分（25 至 28 節）指出要承受永生就得愛神又愛鄰舍。第二部分（29 至 37 節）是耶穌解答誰是鄰舍的問題。成為信徒後，我對第一部分接受得很理所當然，對第二部分耶穌那故事式的解答卻大感錯愕，深感被挑戰。要了解這反應，先讓我們重溫一下這《聖經》故事：

「那人⋯⋯就對耶穌說：誰是我的鄰舍呢？耶穌回答說：有一個人從耶路撒冷下耶利哥去，落在強盜手中。他們剝去他的衣裳，把他打個半死，就丟下他走了。偶然有一個祭司從這條路下來，看見他就從那邊過去了。又有一個利未人，來到這地方，也照樣從那邊過去了。唯有一個撒瑪利亞人，行路來到那裏，看見他就動了慈心，上前用油和酒倒在他的傷處，包裹好了，扶他騎上自己的牲口，帶到店裏去照應他。第二天拿出二錢銀子來，交給店主說，你且照應他，此外所費用的，我回來必還你。你想這三個人，那一個是落在強盜手中的鄰舍呢？他說是憐憫他的。耶穌說，你去照樣行吧。」

我感到錯愕，是因為覺得耶穌的回答，好像文不對題。故事並沒有對誰是鄰舍這問題給出答案，反而要求問者作別人的鄰舍，這要求充滿挑戰性。「窮在路邊無人問，富在深山有遠親。」這首古詩清楚表達人性的趨炎附勢。富者自有蜂擁而來的鄰舍，窮者像故事中慘遭橫逆卻又孤單無援。

作鄰舍，就是要作這些人的鄰舍。他們多數不是生命中的同路人，不會帶來利益，更多是耽誤自己正常生活，但他們需要援手，需要同伴。作他們的鄰舍是耶穌對尋求永生者的要求，當然也該是宣稱自己已分享永生國度的天國子民不可推卸的責任。

作鄰舍是教會常規工作

教會是基督的身體，作有需要者的鄰舍，是常規的工作。教會中作鄰舍的實例不難尋找，其中最感人的是德蘭修女在印度對貧病垂死者的照顧。給德蘭修女從街上帶回來的垂死者，即使救不了他們的生命，也盡力給他們帶着人類尊嚴地離世。她是好鄰舍，是貧病垂死者的好鄰舍。

在香港教會中，我們也有好些例子。潘靈卓（Jackie Pullinger），《追龍》的作者（與桂爾克合著，黃大業譯，香港：高示有限公司），曾被《南華早報》譽為「香港德蘭修女」。她在60年代從英國來港，在九龍城寨內，不畏黑社會干擾，照顧吸毒者及誤入歧途的青少年。她在港九多處設立的「幸福營」，引導無數吸毒者、妓女和露宿者重獲新生。在九龍城寨公園有名為「潘靈卓峰」的石碑豎立，記念她是好鄰舍，是吸毒者的好鄰舍。

1949年，中國政治變遷引發難民潮，何明華會督在香港聯同各界人士開展服務工作，盡心竭力解民困於倒懸。範疇之廣，可說無處不在。難怪在他1966年退休時，海運大廈大堂話別的長長人龍，早晚不斷。香港社會服務聯會、香港保護兒童會、香港紅十字會、小童羣益會、香港復康會、香港防癆會、香港青年協會、兒童遊樂場協會、香港女童軍會、香港社會工作者協會、美國婦女會、香港赤柱航海學校、香港家庭計劃指導會、香港協康會、香港房屋協會、東蓮覺苑女子職業中學、保良局、香港戒毒會、香港家庭福利會、認養計劃等組織聯合向他致送鳴謝紀念冊。名單差不多網羅了香港大部分社會工作團體，範疇之廣，使人讚歎。他是好鄰舍，是大量陷於困境難民的好鄰舍。

陳日君在任天主教香港教區主教時，眼看無證兒童留港申請居留權期間，當局格於法例，不能亦不設法為他們解決教育問題。陳日君除奔走呼籲外，開放天主教私立小學收容他們。他是好鄰舍，是茫茫無助失學兒童的好鄰舍。

林國璋牧師是作好鄰舍的表表者，對遭受橫逆、身心受傷、受棄的人作出不計其數的鄰舍行動。最膾炙人口的有兩件事：

第一件是印傭Erwiana事件。Erwiana懷疑被虐事件曝光後，林牧師對警方冷待事件不以為然，即在教堂舉行祈禱會，發起「平權運動關心印傭」活動，並為她籌得港幣50,000元，親自帶到印尼交Erwiana手中，並一直不離不棄，在整個審判過程陪伴在旁。法庭作出判決後，公義得彰，林牧師得知Erwiana想回校園受教育，還主動帶她探訪中文大學，加強她學習的心志。

第二件事是陪伴露宿者露宿天橋底，展開「守護兄弟」行動。林牧師看到露宿者被有關當局驅趕及沒收財物，除訴諸立法會追討外，還每週在現場露宿一晚，感受露宿者之苦困。行動不但給他們帶來及時和適切的協助，而且滋長了尊重與友誼，也豐富了作鄰舍的內涵。林牧師與他們共起共眠，伴他們渡過孤苦無告，甚至後事無人料理的一生。林牧師是好鄰舍，是受虐無助者和被社會忽視者的好鄰舍。（可參看林牧師Facebook「守護兄弟行動」社羣）

漸失溫馨性和想像力

我們可以說，在香港，教會及信眾對社會上的受苦無告者，的確曾作過無數的好鄰舍行動，為香港帶來了無數溫馨的回憶。但隨着社會變遷，這種鄰舍活動不是減少了，就是失去了以往的溫馨性和想像力。社會愈來愈市場化，好鄰舍的活動變得愈來愈機構化、膚淺化和聯誼化。人們，包括教會機構在內，也不容易親力親為；肯出力的常覺有心無力，肯出資的卻又顯得有力無心。要命的是：社會上需要好鄰舍的人愈來愈多，而響應作好鄰舍的人卻愈來愈難求。

雪上加霜的是佔中運動所揭示的香港內部嚴重撕裂。聖約翰座堂主任牧師謝子和透徹的描述說：「今日我們對他人的懷疑與日俱增。我們與對方良好溝通之技巧亦不斷減退。這些情況在我們家庭中、工作的場所、社區甚至在教會中不斷出現。結果恐懼、孤寂、傷害、痛苦的回憶、隔膜、撕裂與互相對敵已成為我們生命中不可分割之一部分。」（In Touch, *The Cathedral Magazine-Spring Edition*, 2015, p.3.）

面對橫逆困境，香港不是沒有成功衝破的經驗。50、60 年代面對洶湧的難民潮，我們曾以獅子山精神，同舟共濟，互為鄰舍，為香港的轉型創出經濟奇蹟。2000 年代面對窒息香港經濟和對外交往的「沙士」潮，我們曾共歷危機，互為鄰舍，成功在困難中找到出路，在危機中創造生機。但難民潮和「沙士」潮都是外敵，香港人可以團結起來互為鄰舍，共同應付，而現今面對的是香港內部的嚴重撕裂，在彼此懷疑的氣氛下作鄰舍談何容易！

基督應對撕裂

教會人士要為撕裂的社會做鄰舍已經不易，更難的是教會本身也是撕裂的一羣，要撕裂的一羣作撕裂者的鄰舍，無論怎樣看，都是難上加難的事。這情況使我想起了耶穌整個受難受苦的經過。他面對門徒間嚴重的撕裂：有爭論誰為大的，也有準備出賣他的。但事實上，祂才是真正的受害人。是祂，孤立無援的被釘在十字架上。在這境況下，祂作了三個行動：

1. 他設立聖餐，讓門徒共席，吩咐他們以後奉行，為敵我共處建立基礎；

2. 他在席前為門徒洗腳，為互相服侍樹立楷模；
3. 他為門徒合一祈禱，為彼此相愛恆久祈求。

這三個行動，在歷史上，為被撕裂的教會羣體帶來轉化敵我、成為鄰舍的動力。作為受害人，在十字架上，耶穌更以受傷者的身分，替作鄰舍添上新的意義。祂為害自己的人祈禱，並接納同釘十字架者的臨終祈求。原來作鄰舍不局限於對孤立無援者的行動，能在正反爭持中釋放出或激發出善意，也是作鄰舍行動的重要一步。

香港的確在作鄰舍的行動上，遇到了前所未遇的困難。教會、牧者和信眾也常處於難以進退的十字路上（參閱袁天佑，〈在十字路口上作牧者〉，《神學通訊》，香港：香港中文大學崇基學院神學院43期，2015年3月，頁1-3。），但願耶穌基督的言行和在教會中基於祂言行所建立的禮儀生活，在解決困難上能帶來亮光和力量。

好撒瑪利亞人的故事，還有少被提及的一面。祭司和利未人面對受傷者都沒有行動，我們會大惑不解，也會大不以為然，更會為此而發出不平之聲。使我們深思的是好撒瑪利亞人沒有這樣做，他面對傷者只專注在力所能及的挽救行動，也許在嚴重撕裂的社會中，好撒瑪利亞人的默默耕耘，盡自己能力作好鄰舍，值得教會和羣眾三思和試行。

陳佐才，聖公會法政牧師。

冷漠殘酷世代
愛與和平國度

趙崇明

耶穌向律法師講了一個暴力的故事。有一個人從耶路撒冷下耶利哥去，不幸落在強盜手中，可惜強盜不但謀財，還要嚴重傷人，剝去該人的衣裳，把他打個半死，就丟下他走了，任一個重傷的人自生自滅(參路十30)。為何可以這樣冷酷無情？故事可能虛構，卻真實地反映了充滿戰爭和衝突的現實世界，就是如此暴力和冷酷。

第二次世界大戰期間，「奧斯威辛」(Auschwitz)集中營大屠殺的殘酷一直受人譴責。對神學家莫特曼(Jürgen Moltmann)來說，更令人費解的是目睹在苦難中竟然出現冷漠無情的荒謬：「為什麼人們竟不說話？他們冷眼旁觀，或轉面不看，或閉上眼睛，以致受害者孤立無援、悽悽慘慘地被送上屠殺的境地。」[1]

〈路加福音〉十章31至32節這故事中描述的祭司和利未

人，代表的就是這種冷漠無情的人性：「偶然有一個祭司，從這條路下來，看見他就從那邊過去了。又有一個利未人，來到這地方，看見他，也照樣從那邊過去了。」

為何如此冷漠？可能由於只是萍水相逢，互不相識，既然大家都只是陌生的過客，彼此沒有關係，缺乏感情，出手相助的動機已打了折扣。

暴力場面蠶食良知

然而，即使素未謀面，但人心肉做，眼見途人陷於危難極需救援的境況，按理都應該伸出援手，為何依然如此冷漠？也許就是由於身處暴力的場景，暴力會蠶食人的良知，使人失去愛心，令人與人之間缺乏信任，既然大家只是陌路相逢，怎知對方是不是跟強盜同謀，所謂「防人之心不可無」，出於自保心態，還是走為上着，這正是現代暴力世界的真實寫照。在暴力世界中生活，人須築起圍牆防衛自保，人與人之間只會互相懷疑，彼此試探，卻無法建立互信的關係，不要忘記這故事發生的背景是：「有一個律法師，起來試探耶穌……」（路十 25）

在一個暴力和冷漠的世界中，原來不但人與人之間的關係變得疏離，缺乏誠信。連帶自己也會跟自己疏離，不能忠於自我，無法由內到外誠實無偽，很難表裏一致；結果講一套、做一套，就好像祭司和利未人（包括試探耶穌的律法師）一樣，表面上是守法行善的教徒，內裏卻可能是偽善的小人。

還有一點值得一提，根據耶穌的描述，祭司和利未人同樣「看見」那傷者，明明「看見」，為何卻捨他而去？這究竟是一種怎樣的冷漠？似乎正跟「看見」有關，這是一種「視若無睹」的冷漠，也是一種「冷眼旁觀」的抽離。何以「視若無睹」？何以「冷眼旁觀」？原來身處一個怎樣的世界，就會被塑造出一雙怎樣的眼睛，並回過頭來以這雙眼睛觀看這個世界。身處暴力無情的社會，就容易生出一對「視若無睹」和「冷眼旁觀」的眼睛，只會旁觀他人的痛苦，最終就養成一顆冷漠寡情的心。

著名作家桑塔格（Susan Sontag）寫了一本書*Regarding the Pain of Others*，其中一個中譯本把書名譯為《旁觀他人的痛苦》（陳耀成譯，台北：麥田出版社，2010）。這本書從捕捉痛苦影像的照片（尤其是戰爭照片）出發，探討影像所反映的人類痛苦與旁觀影像的人之間的關係。

媒體塑造冷眼旁觀者

由祭司和利未人的「看見」，到桑塔格提出現代人透過媒體影像的「觀看」，反映傳播媒體與社會冷漠之間存在的密切關係，實在是值得關注的問題。在一個資訊發達的社會裏，大眾媒體無疑幫助我們揭露了不少社會上不義、暴力、邪惡和受苦的事情，讓世人眼見苦難在世上無日無之地發生。但我們也不能忽略，現代社會的大眾媒體（尤其是影像媒介）的文化，同時也塑造了現代人成為旁觀他人之痛苦的冷眼旁觀者。

電子媒體的特徵是「網上衝浪」式的快速流動，在熒幕面前，觀眾共同觀看別人的痛苦影像如何在瞬間閃現，又如何瞬間在視野裏消失。媒體不斷為觀眾製造扼要、濃縮、過分簡化及標準化的來去匆匆的情緒經驗。這種情緒經驗一方面不斷提醒觀眾不用太投入在他人之痛苦裏，因而強化其旁觀者的身分。另一方面，由於媒體最重要的是吸引觀眾的注意力，但媒體所提供的資訊量又遠高於觀眾吸收和注意的能力，再加上來去匆匆的速度，故此媒體似乎最擅於製造強烈的情緒投入，卻又最快速的瞬間遺忘。更何況電子媒體不斷流動的影像，亦擅於為觀眾製造悲喜混雜的情緒反應，以電視為例，在報道及播放完一小段關於他人之痛苦經歷之後，隨即播映的可能是鼓吹人忘記痛苦憂愁、盡情享樂消費的廣告或喜劇。大眾媒介不斷為觀眾製造這種悲喜混雜的情緒經驗，似要提醒觀眾不用延續因他人痛苦而生的憐憫感受。

虛擬真實（virtual reality）又是電子媒體另一特徵，媒體所採用虛擬真實的手法和技術，容易為觀眾製造情感的抽離。荷李活的災難片拍得愈來愈逼真，讓觀眾在假的影像裏，獲得如親歷其境的逼真感覺，真假界線愈來愈模糊，其逼真之處固然令觀眾產生強烈的情緒反應，但虛構的內容又經常提醒觀眾，不用太投入感情。及至如911般真實的災難發生，全球觀眾能同時間在電視機所播映的影像前，如欣賞另一套災難電影般真假難分。正是這樣，大眾媒介不斷塑造觀眾，習慣以看電影般的心態去旁觀他人之痛苦，既仿似情感投入，其實是相當抽離，如此便潛移默化了冷漠的意識。

更何況在大眾媒體每日的報道底下，把人世間的苦難放大，把苦難全球化，我們看到苦難無日無之在地球不同角落不斷發生。觀眾必須接受，人們面對接踵而來的苦難和悲劇，只能束手無策、無奈、沉悶，甚至因愈來愈麻木而變得冷漠。

接待人　看出不一樣

如果祭司和利未人代表的是一種冷漠無情的人性，撒瑪利亞人代表的就是《聖經》再三強調和重視的接待精神。祭司和利未人的「看見」，只是「視若無睹」和「冷眼旁觀」，「看見」了，卻冷漠，甚至可能很快便遺忘。撒瑪利亞人的「看見」，卻「看出」不一樣的事情。他「看見」，卻沒有離開，反而動了慈心，並馬上付諸行動，幫助那陌生的路人療傷；然後將傷者

送往客店，親自照料他。本來已經仁至義盡，離開之前，更留下金錢，委託店主悉心照料，甚至應承包辦日後需要的開支，這絕對是一種沒有私心、毫不計較的接待。「接待」的英文是hospitality，跟hospital（醫院）這字相關，醫院豈不就是悉心照料陌生的受傷者，和為他們療傷的地方麼？

為何撒瑪利亞人能夠如此接待？因為他擁有一顆關顧別人的慈心。盧雲（Henri J. M. Nouwen）在《始於寧謐處》已指出，冷漠的對立是「關顧」(care)，他認為「關顧」的基本意義是：「與悲傷者同愁、與哀慟者同憂、與流淚者同泣。」[2] 因此，這顆關顧別人的慈心，也就是「同理心」(empathy)。就算大家素未謀面，只是在路上偶然遇上，卻憑着此「同理心」，能同感傷者的傷痛，對方的傷痛，也彷彿成為自己的傷痛；於是觸動了撒瑪利亞人的憐憫心腸，憐憫就是一種同情共感(compassion)，也是一顆有熾熱感情(passion)的慈心，亦唯有這種「熱心」，才能將冷漠融化。

而且不要忘記，那受傷的人是來自耶路撒冷的，因此很有可能是猶太人。猶太人和撒瑪利亞人之間，存在歷史遺留下來的恩怨，由於撒瑪利亞人是以色列人跟外邦人通婚而生的混種民族，因此常被猶太人歧視。兩個民族之間長期彼此互不往來，隔膜很深。但這位撒瑪利亞人竟然動了慈心，主動打破隔膜，跨越阻隔人際關係的藩籬，施以援手，接待那「非我族類」、甚至存在「敵我矛盾」的他者(可能是猶太人),也就是實踐耶穌的博愛精神,就算非我族類,甚至仇敵,也要愛。

也許我們很多時跟祭司和利未人一樣,對「非我族類」的人會心存恐懼,於是寧願活在彼此疏離、各不相干、各行各路的冷漠世界之中。冷漠無情的世界,就是一個不懂得接待他者,不珍惜跟他者相連,不去「一同生活」的自我封閉的世界。

祭司和利未人的舉動,消極地提醒我們,不要再活在這個恐懼和排斥「非我族類」的冷漠世界裏。撒瑪利亞人的愛心行動,卻積極地鼓勵我們,急須學習實踐一種能夠尊重、包容、關愛他者的接待倫理或非暴力的「和平」政治。

愛與義相輔相承

基督信仰所提倡的接待倫理，就是一種愛的倫理，主張「愛鄰舍如同自己」（路十 27）。同時它也是一種鼓吹實踐公義的正義倫理，「接待」乃是對他者（尤其是弱勢的他者）應盡的義，被強盜毆傷虛弱地躺在路旁等待救援的陌路人，就是處於弱勢的他者。撒瑪利亞人的救援，只是當做的正確之事（do the right thing），亦是當盡的義務（或責任），其實這就是《聖經》對「正義」的描述。故此，「接待他者」，既是當盡的義務，也是自願付出的愛。愛與義，並非各自獨立，而是相輔相成。就如《聖經》的教導：「行公義，好憐憫」（彌六 8），這就是上帝所指示的善。當然同時也是耶穌對那要表明自己有理（其實自以為是）的律法師的指示。

熟悉律法的律法師，雖然能夠説出律法的精義是「愛鄰舍如同自己」，但馬上卻追問耶穌：「誰是我的鄰舍？」問題背後，反映他會對愛的對象作出區分和界定，即有些人不能成為他要去愛的鄰舍，那麼，界定的標準為何？宗教、種族、社會地位、利益關係？不知道，因為經文沒有交待。不過肯定他不會一視同仁地去愛，這種愛只是有條件的愛。於是耶穌提醒他，不是問誰是我的鄰舍，更不應該問誰是值得我去愛的鄰舍？反倒去問：「你想這三個人，那一個是落在強盜手中的鄰舍呢？」（路十36）言下之意，耶穌吩咐律法師（包括所有跟從主的門徒）都要效法那撒瑪利亞人，主動作所有他者的鄰舍，作別人的鄰舍，也就是成為接待他者的人。

耶穌傳的是「天國近了」的福音，即是耶穌向天父祈禱的重點：「願你的國降臨，願你的旨意行在地上，如同行在天上。」（太六10）上帝的國度是一個怎樣的國度？就是一個「行公義，好憐憫」的國度，而最終更是一個《聖經》所描繪的充滿「愛與和平的國度」:「豺狼必與羊羔同食,獅子必喫草與牛一樣……在我的聖山遍處,這一切都不傷人不害物,這是耶和華說的。」(賽六十五25)上主已經呼召在教會中的耶穌門徒,也是上帝國裏的子民,在日常生活中踐行接待他者的倫理,行公義,好憐憫,見證上帝「愛與和平國度」的實現。

註釋

1. 莫特曼著,鄧肇明譯,《公義創建未來——和平政治與造物倫理》,香港:基道書樓,1992,頁25。
2. 盧雲著,洪麗婷譯,《始於寧謐處——默想基督徒生命》,香港:基道書樓,1991,頁39。

趙崇明,香港浸會大學哲學博士。現為香港神學院神學及歷史科專任講師。著有《迪士尼@城市文化.神學.hk》(天道,2006);《安息行旅》(基道,2009);《港式中產》(基道,2011);《有道有禮》(宣道,2012)及《佔領中環與教會政治》(基道,2013)

39

看見

動了慈心

施憐憫
從天而來的逆世生活態度

潘信超

「這是最好的時代，這是最壞的時代」。

如果狄更斯（Charles Dickens）知道他的名著《雙城記》裏的卷首語，在今天香港竟有這麼多人引用，他在天之靈應堪告慰了。時移世易，當年尚一窮二白的古老國度，今天成了暴富，對13億生靈中的王侯貴冑來說，這「千金買宅，萬金買鄰」的日子，實在是最好的時代；而這位處南方邊陲的小島，曾經閃耀着令人艷羡光芒的明珠，如今卻陷於頹唐與衰敗的邊緣，對小島裏還存留一點靈明的人來說，這實在是最壞的時代。香港就好像一個在路上遇到強盜，被打得半死，現正躺在路上等待救援的人。誰會理會這樣的一個人？一個城市？在這大城裏掙扎求存的每張面孔，又有誰會在意？不少人說：「既然是借來的土地，借來的時間，新主人要任意而行，這是時也命也！」國度更替，由不得港人作主，黎民百姓，自求多福，明哲保身，似乎是自然的選擇。不過，《聖經》向我們揭示的，卻是截然不同的生活態度。歷史會怎樣向前走，殊難逆料，但無論是怎樣的時代，上帝的道仍舊說話。

福音危害安寧、穩定？

在耶穌時代，猶太人正受羅馬殖民統治。大希律（Herod the Great）不久前才把聖殿修葺得莊嚴壯麗，民眾渴求安定繁榮，也不想宗教生活受干擾，平穩和諧的政治宗教體制正是他們心中所求。在這背景下，耶穌傳的卻是天國的福音！

〈路加福音〉十章1至12節寫耶穌差遣70人，到各城傳揚天國的臨近。當中耶穌特別提到，要他們醫治各城裏的病人，而那些不接待門徒的人，將來承受的要比罪惡城所多瑪更甚。然後在十章13至16節，耶穌說得更直接，直指那些棄絕門徒的城市其實是在棄絕祂；而將來審判時，他們承受的將非常艱難，因為他們即使經歷了門徒在他們中間所行的異能，還是沒有聽從，還是棄絕他們。在十章21至24節中，耶穌提醒門徒，他們有幸看見的，是許多君王和先知未曾得見的，而除了聖子和祂所願意指示的人，沒有人知道聖父是誰。那麼誰人可以得見聖子和聖父指示的事？經文如此描述：「向聰明通達人就藏起來，向嬰孩就顯出來。」

即使在醫治和異能面前，還是有人棄絕門徒，只因耶穌吩咐門徒，要對民眾說：「上帝的國臨近你們了。」面對這叫人驚訝的宣告，政治上和宗教上的當權者，並附和他們的民眾，他們心裏或許在盤算：「安定繁榮很重要，宗教和傳統也很重要，而這個木匠和他的門徒所宣揚的，會危害我們社會的安寧和穩定，甚至影響我們的信仰自由。上帝是我們的一切，但上帝的國？在這時勢談這個，不太現實和合適吧！況且，誰給他這樣的權柄呢？」

憐憫誰，誰就是鄰舍

有些人拒絕天國，是為了不想改變現狀，他們關心的是世俗的繁華。但有些人卻往相反方向走，他們努力追尋宗教或靈性上的滿足，但卻昧於上帝國的到臨。有關這類人，路加記載了好撒瑪利亞人的故事。

一個律法師，也就是精通舊約律法的專家，來到耶穌面前，要詰問耶穌律法的精義，期望難倒耶穌。他熟讀律法，所以能倒背如流的回答耶穌有關承受永生的問題，而且答得無懈可擊（你要盡心、盡性、盡力、盡意愛主——你的上帝；又要愛鄰舍如同自己）。但他問耶穌誰是鄰舍，卻暴露了他的盲點和自義心態，而耶穌講撒瑪利亞人的故事，正是要開他眼睛，幫他看見。

在故事裏，對躺在地上身受重傷的人，祭司和利未人都視而不見。反而是那位非我族類者，懷着慈心，一心只想着救人。耶穌再問律法師，究竟誰是傷者的鄰舍呢？答案簡單又明顯：是那個跟他們老死不相往來的撒瑪利亞人！為什麼他會是這個可憐人的鄰舍？因為他用行動去憐憫這個無助的人，因他恩慈的行動，這兩人就成了鄰舍。所以問題的關鍵，不是怎樣去區分誰是鄰舍，我們憐憫誰，誰就是我們的鄰舍；同樣地，我們被誰憐憫，我們也就是那人的鄰舍。律法師所以要問誰是鄰舍，除了想在道理上勝過耶穌，豈不正因他不行憐憫，也不受別人憐憫，因而從未看見因憐憫而來的鄰舍嗎？這就是他的盲點所在。

經文説律法師要在耶穌面前證明自己有理，這究竟是怎樣的一種心態？他不質疑愛上帝能叫人承受永生，因為他把宗教的律例和典章當作了上帝的化身，他以為靠自己的修持和能力，便能達到愛上帝這誡命的要求；而他糾纏於鄰舍的定義，正因為他其實不願意實踐憐憫和愛的生活，也因為他不明白，永生的奧秘其實蘊藏在上帝對人的愛與憐憫之中，而不在宗教的修行上。如果他留心故事中的細節，他會發現，憐憫人的是個最為猶太人鄙視的撒瑪利亞人，而從耶路撒冷到耶利哥的路上，每個人都可能遇上強盜！耶穌的意思豈不是：不要自恃個人的能力，無論人以為自己是怎樣比別人高超，他都需要上帝的憐憫。而在上帝面前，我們根本無從自誇，我們只能承認自己是需要上帝憐憫的人。而當我們知道我們是靠上帝的憐憫才得以活着，我們就能放下自己，去憐憫別人，也受人憐憫。是的，憐憫從來不是一種施捨，而是對上帝恩典的回應。是我們經歷了上帝是如何愛我們，我們才懂得怎樣去愛其他人。我們在別人的憐憫裏，看到上帝的恩典；當我們憐憫別人時，其實是為上帝的憐憫作見證。憐憫是彼此的，相愛也是彼此的，在這種植根於上帝的愛和憐憫中，天國就在世人看來最卑微和毫不起眼的地方向我們彰顯。

對律法師來說，彼此相愛不容易，因為他不以為自己需要別人的憐憫，他在宗教上是自足的，能在上帝面前站立得住；他自以為通曉律法，自以為能看見。但正因為他自以為已知道一切，所以他還是未知道，也還是未看見。耶穌最後對他說：「你去照樣行吧！」耶穌是要救他脫離自義的籠牢，要他在愛的實踐中看到自己的不足，然後他就會知道一切都是上帝的恩典，這才是承受永生和天國的起始點。

天國顛覆人類歷史

耶穌時代的民眾所求的是安定和繁榮，並宗教上的自由，他們不明白耶穌傳的天國是超越性的，顛覆性的，它的降臨正在顛覆人類的歷史；同樣，當時的宗教領袖也自困在宗教體制之中，只知守護傳統和制度，並打擊危害宗教建制的力量，甚至以為這就是服侍上帝，卻渾不知上帝的腳步已到門前。

上帝是既超越，也與人同在的上帝。上帝從永恆進入時空，用最卑微的樣式去把自己神聖的內在生命向人揭示出來，叫人看見三一上帝生命的本質就是愛。這種愛的最極致表達是十字架，是一種因完全的愛而有的全然順服和犧牲，上帝的超越性正是在祂的受苦裏徹底地表現出來。所以，當我們憐憫別人之時，當我們願意跟陷於軟弱、痛苦、憂傷、失意、無助的人同在一起，願意在他們身邊作鄰舍，願意分擔他們生命中種種悲苦和困難的時候，我們會發現，我們其實是在學效基督的生命，而這就是永生！這也是為什麼基督教導我們：「你們這蒙我父賜福的，可來承受那創世以來為你們所預備的國。因為我餓了，你們給我吃；渴了，你們給我喝；我做客旅，你們留我住；我赤身露體，你們給我穿；我病了，你們看顧我；我在

監裏，你們來看我。」（太二十五35）

上帝是絕對的超越，但又以最具體和卑微的方式來到世間與人同行，與人同經憂患。上帝以這樣的方式去建立祂的國度，實在完全超乎凡人的想像。一方面天國不是世俗國度發展到極致的結果，但天國也不是只在終末之時才跟我們息息相關。就在我們彼此憐憫，彼此作鄰舍的時候，上帝就在那裏跟我們相遇，而有上帝同在的地方，也就是天國開展的地方！

回頭看此時此刻的香港，上述所言對我們的處境又有何意義？

正視鄰舍的苦難根源

祭司和利未人為什麼沒有理會那躺在路上的人，經文沒有交代。可能因為忙碌，趕着主持聚會或儀式，甚至只是為了不想觸犯安息日的規定。而無論是出於什麼原因，對躺於地上的那人來說，冷漠就是冷漠，並沒有半點分別。分辨事物的主次，從來不易。二千年過去了，很多時候我們還未能認清什麼是真正重要的事。人總是那麼忙碌和營營役役，內心盛載不了別人的苦難和哀傷。

今天香港正處動盪時代，面對龐大黨國，即使是天國子民，也往往迷失得不知方向。不少教會和信徒為了求生存，求發展，對社會上極度的貧富懸殊，不公不義，氾濫謊言和指鹿為馬現象視而不見，甚至倒過頭來責備那些抗衡歪風的人。我們必須明白，容讓歪風和腐敗蔓延，最終必為社會帶來更深的貧窮和苦難。如果我們要愛鄰舍，就必須正視他們所受苦難的根源。除了實際伸出援手，我們還須批判制度；我們不能只懂救火，而不阻止放火。如果有強盜向我們的鄰舍痛下殺手，我們當然要奪下他手中的刀，而不是只想看如何在鄰舍慘遭毒手之後替他做急救！

政制公義和愛鄰舍

以圍繞普選制度的爭議為例，不少教會的態度就顯得相當冷漠。他們似乎沒有在意，現屆政府正全力向一國傾斜，在吏治、經濟、教育、法治、文化等範疇，兩制的差異正在迅速消失；政府不但未有為負面影響設立防線，反諉過市民缺乏包容，甚至把一切提出問題的人歸類為不愛國或港獨分子。如果普選特首和立法會是維護一國兩制的最重要手段，而一國兩制則是中港兩地的一度防火牆，以保存香港一制中那些攸關市民福祉的要素，那麼爭取貨真價實的普選制度就是一種愛鄰舍的表現。我們必須明白，因兩制崩壞而產生的惡果，權貴和富裕者應對的方法多的是；但對社會基層甚至中產來說，他們卻要承受所有苦果。筆者再強調，在現時香港的處境中，普選機制跟愛鄰舍有密切關係，若在此事上冷漠和苟且，我們實難自圓其說。

當然，除了爭取公義的制度，我們也要在現存的限制下去做愛鄰舍的工作。在香港這物質生活極豐富的都市，就在最繁盛的區域中，其實很多人仍在貧窮線下為生存而苦苦掙扎。年邁的拾荒老人、露宿街頭的中年漢子、索居於陋巷的赤貧家庭，這些人，誰人去作他們的鄰舍？筆者知道這幾年來，一些有心人正按着耶穌的教訓，經常組織行動去關心他們，並跟他們分享需用的物資。[1] 這些行動雖是點點滴滴，並不眩目，也沒喧嘩，但就在當中，我們發現天國的記號。筆者每次讀到或參與這些行動時，都會因為感到上帝的愛而流淚，在那裏我感到耶穌教導的真實！

憐憫人　免被仇恨吞噬

我們必須緊記，在好撒瑪利亞人的故事裏，是撒瑪利亞人在憐憫別人，而撒瑪利人是被猶太人厭棄和憎惡的！但基督要我們學習這樣的愛，要我們即使在彼此憎厭的關係中，仍然懂得愛惜別人的生命，即使那個人原先是憎厭我，又或是我憎厭他！基督沒有説我們不會遇上敵人，基督沒有説我們不用為公義，不用為解救別人的痛苦而戰；但祂吩咐我們，即使是敵人，那人也有上帝的形象，基督也為這人犧牲，所以我們要放下仇恨，持定對抗不義和謊言的勇氣。

在今天的香港，在為公義奮鬥的路上，我們不容易放下對敵人的仇恨，我們容易以仇恨為抗爭的原動力。但基督為我們揭示真正的出路，抗爭和奮鬥的力量源於對鄰舍的愛，唯有這種愛可讓我們避開人性中種種自義、黑暗和詭詐，叫我們不至倒過來，被黑暗和仇恨吞噬！我們必須承認，這是很難的功課，唯有在十架上的那一位，才能把這種愛貫徹到底！

二千年前那位加利利人，祂行遍各城各鄉，傳天國的福音，給人趕鬼治病，叫被擄的得釋放，叫受壓制的得自由。而到最後，祂為世人成為了那被劫掠，被剝去衣服，被毆打，而到最後，被掛在木頭上。祂既是那伸出鄰舍之手的人，但同時又為我們成了那需要鄰舍之手的弱者。今天，在弱軟傷心者面上，你可會認得祂的面容，可會認得這天國的記號？

註 釋

1. 參 Benson & Friends，《平等・分享・行動》，香港：突破出版社，2013。

潘信超，曾任職中學教師及電腦程式設計師，現從事翻譯工作。畢業於香港浸會大學、香港城市大學及中國神學研究院。醉心神學、哲學、歷史及政治，以閱讀、寫作及網球為樂。

以社會企業
實踐愛鄰舍

紀治興

耶穌所設計的撒瑪利亞人比喻（路十 30-37），有兩個向度：既有行善的價值判斷，亦有行善所需的務實智慧。《聖經》中的智慧（hokma），是指能洞悉人與事、人與人，和人與創造者的關係，還有短期及長遠的互動因果，從而作出長遠有利的謀略決策和實用的生活知識。《聖經》不是教管理的書，並沒有記載一整套管理理論或方法，但《聖經》充滿智慧；不單彰顯要做「好事」的價值觀，亦自然流露出「做好」事情的智慧。《聖經》是智慧文學，在待人接物處世等事情上，給人予引導。上主要人負起管理世界的責任，故此給人智慧、知識和才幹等裝備，讓人有充足的恩賜去完成所託付的。

可惜，留意《聖經》中價值觀的多，留意其中智慧的少；結果只有高言務虛的良好意願，或複雜的人論和罪論，卻忽視務實的技巧，就像立志以唱歌讚美作為事奉，但忽視技巧及操練的詩班，會眾即使欣賞其志向勇氣，卻不會欣賞其歌聲。

《聖經》中的比喻，在管理學中的對口就是「藉講故事管理」(management by story-telling)，一個精心設計的敍述，每句話都是經過挑選，說出的與故意隱藏的話同樣重要（雅三2），即使刪去的都是有原因的。而且整體結構緊密，言簡意賅，讓主旨突出。

第一層解讀：收取者、僞善者與施予者（路十 30-33）

比喻中，強盜們是捕取者（taker[1]），損人利己。祭司是事奉神，可以說是屬靈的事奉。祭司宣講舊約中要照顧弱小的教訓，又為百姓主持贖罪祭；這些都是宗教的理想。利未人是事奉祭司，是庶務性的事奉。在比喻當中，祭司和利未人看見半死的傷者就從另一邊過去了（路十 31-32）。他們未能關愛有需要的人，可能因為宗教原因，例如傷者是不潔的，或其他務實的原因；但他們就是見死不救，沒有憐憫。

若果只是務虛的空談，善行可以「去到幾盡」都得。但真正行善的施予者（giver），是要付出代價，包括時間、力氣、心力、錢財，甚至冒險被責難，這都是務實需要的考慮。但祭司不願意付代價，變成偽善者（faker）。雖然撒瑪利亞人是為猶太人所鄙視，但這個撒瑪利亞人動了慈心，憐憫傷者，願意付出代價去照顧他。這裏的教導，是不要以身分地位評斷人，而是要從愛心和行為去分辨。要有憐憫，這是價值判斷的教導。從所行的而不是從所說的或身分去判斷，這是務實智慧的教導。

第二層解讀：無私與利他的分別（路十 34-35）

耶穌所設計的比喻沒有停留在第33節，而是再豐富比喻的內容，引出另一層次的教導。撒瑪利亞人付出的代價，包括時間、以油和酒等物資為傷者包裹傷口、讓他騎上自己的牲口、帶他到旅館照應。第二天，撒瑪利亞人要辦自己的事，先付二錢銀子，請店主代為照應他，自己回來時再繳清餘費。撒瑪利亞人在提供了傷者最急需的救援後，便找店主幫忙，分擔照顧傷者的工作，騰空時間處理自己的事。

施予者分為無私型（selfless）和利他型（otherish）。無私型捨己為人，但若果每次都是如此，很快便油盡燈枯；另外，若果不辨識對方是否收取者，可能只是助長自私的行為。利他型的行善，是量力而為，提供最基本或恰當的援助後，也會兼顧自己的事；有需要時，會找人協助，例如店主；或鼓勵受惠者發揮自己的能力，例如拾麥穗等。利他型的施予者，注重自己行善的可持續性（sustainability）。有照顧過家中長期病患的，會較明白這些考慮。

新約《聖經》在愛人的教導中，是有分級別的：

- 愛（αγαπην）：為弟兄可以捨己；
- 愛（αγαπην）：為鄰舍要愛人如己；
- 愛（αγαπην）：為仇敵不要以牙還牙，而是要為他禱告；
- 對陌生的客人要款待（φιλοξενίαν），提供食宿；
- 對遇難的陌生人要憐憫（ελεοσ），施援解困。

這種分級處理，為的是要切合現實的制約，包括個人有限的能力和資源。透過分級處理、找人分擔工作、提供必需的協作等，保持行善的可持續性，即使資源不變，亦可擴大受惠者的數量，這是經驗累積下的務實智慧。

其實，《聖經》既有超越的道德標準，又有落地務實的一面。在差遣十二門徒去宣講天國福音時（太十 5-15），耶穌要他們打聽誰是好人，要請他的安，然後住進他家；凡不接待門徒的，離開時就把腳上的塵土跺下去，畫清界綫。這也是分級別處理。又教信徒既要馴良如鴿子，但亦要靈巧像蛇（太十 16）。

這些都是務實的智慧。

第三層解讀：施予者更需要被關懷（路十 36-37）

耶穌所設計的比喻也沒有停在第 35 節。原本文士問耶穌誰是鄰舍，耶穌沒有答是所有人，反而用一個比喻去指出鄰舍的定義，為的是表明「誰是鄰舍？」是需要有篩選。然後，耶穌選擇不問「誰是撒瑪利亞人的鄰舍呢？」因為不會引出祂要的答案。祂選擇反問文士「誰是落在強盜手中的鄰舍呢？」而文士答對了，是「那憐憫他的」。耶穌叫文士照樣行。所以，祭司和利未人不是鄰舍；鄰舍是「有憐憫」的撒瑪利亞人。耶穌教導我們要愛有憐憫的人，如同愛自己，其次是自己也要成為有憐憫的人。根據奧克姆剃刀法則（Occam's Razor Rule），最直接簡單的解釋，就是最可取的解釋。

3 五樓
163 六樓
Beijing 2008

3 四樓

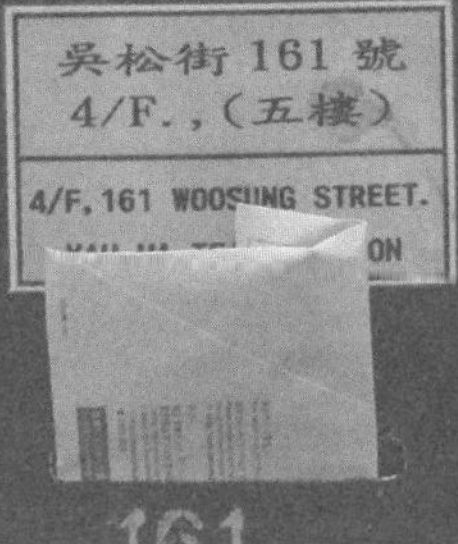
吳松街 161 號
4/F.,(五樓)
4/F. 161 WOOSUNG STREET.

耶穌所設計的比喻沒有交代傷者是否有憐憫的人，只是因為他身處危困，便值得施援。行善，只需做到將受惠者帶離危困，便可以放手。但施援不等如要愛他如己。波亞斯讓窮人和異鄉客拾麥穗，他們亦只能藉此解一時之困，暫時餬口而已。愛鄰舍如同愛自己，是不會止於救急扶危；而是會幫助他成功，或能夠長久安穩。愛人愛到捨己或如己，不是輕省的承諾。

撒瑪利亞人需要別人的支持：因為單是為一個陌生人，便花了一天的時間，延誤了自己要處理的事，勞心勞力勞財，事後亦不期望回報；要持續這樣行善，心靈上需要人打氣，工作或財物上需要人分擔。要愛有憐憫的人如同自己的教導，是連結支持者與施予者，這種做法會加強後者的社會資本，讓他們有更多資源去解決問題，盛載他人。這是幫助助人者幫助其他人（help the helpers to help others），將憐憫體制化，形成小型的生態系統，強化善行在社會中的可持續性。這是務實智慧的教導。

社企：結構性善生態系統

社企的定義，是用管理技巧去做好公益；即是「做好」「好事」，前者需要智慧，後者講求社會價值。撒瑪利亞人比喻對今日社會企業的啟導，並不是要救急扶危的一次元價值判斷，而是超越一時感動的憐憫，進入二次元的思考，探索個人如何能持續地施予，甚至體制化為社會中結構性的善（structural good）。正如布魯格曼（Walter Brueggemann）所形容的先知盼望，不要單單批評結構性的罪，也要指出如何搭建結構性的善。否則只是鳴鑼響鈸，與見死不救的祭司和利未人不遑多讓。

要形成一個結構性善的生態系統，當中要包括作為施予者的撒瑪利亞人；要愛撒瑪利亞人如己的耶穌門徒，亦即是實質支持者；作為收費照顧傷者的店主；和受惠者。首先，作為施予者的社會創業家，要明白社會服務及社會企業，在運作邏輯上的分別。前者是建立支援系統，令濫藥的戒癮、哀傷的得平安、受傷的得醫治；後者是建立賦權系統，不單是去除挑戰受惠者的負面因素，而且是進而轉負為正。令他們活出自我，甚至盛載他人，從受惠者變成施予者，把個人感動轉化他人，產生漣漪效應。這正是社企同時是百分百的社會服務，和百分百的營商企業的獨特之處，它超越一般職業康復輔導的果效。

以在添馬公園的「愛烘焙餐廳」為例，它是提供就業機會給智障人士的融合社會企業。子健是其中一名侍應，從前在庇護工場工作。自從受聘於這間社企後，他運用薪金請家人到日本旅遊；又因為餐廳贏得民政事務局的社企大獎，他代表香港到新加坡考察當地社企的發展，最近他在學咖啡「拉花」。他既是家庭及機構中有貢獻的一分子，自己又具有生活目標的，這在普通人身上也不一定常見。但社企的工作環境，上司及同事，甚至客人的鼓勵和尊重，合成轉化弱勢員工的充權機制。其次，不是人人都可以成為社會創業家，但人人者可以成為社企支持者。這也正是解讀比喻時，耶穌引導文士作出的回答：「我們要愛憐憫人的如同愛自己。」

多談愛心　教會少持續行善

有兩所大型教會，在社企範疇持續地遵守主的教導。宣道會北角堂從 2010 年開始，由一班專業人士組成葉忒羅團契，每年協助五間社企改善營運。北宣鼓勵會友用上主所賜予的才幹，幫助五間社企，藉此幫助弱者藉工作自助。播道會恩福堂在 2011 年開始，成立社企支援小組，推動會友實踐良心消費，例如「家聚在社企」餐廳，口號是「我信故我買」。恩福鼓勵會友用上主所賜予的財富，光顧社企。在香港平均每100元的營業額，約18元是弱勢員工的工資。

這些都不是寄支票的桌上扶貧，而是出時間、出力、出錢的行善；過程中與弱者同行，學習從子健身上，看見造物主要我們用心才見到的創造故事，甚至自己因此而被感動、轉化，成為社企的逆向效益。

事實上，每個人或機構的主觀或客觀的環境都不一樣，其他人不能越俎代庖，指點要如何實踐撒瑪利亞人的教訓。正如店主要賺錢養家，要收費才幫忙照顧傷者，外人不能由此判斷是非曲正。但撒瑪利亞人可以用金錢供應照顧傷者的需要，騰出時間處理自己的事，對他是好事。

現今教會圈子，談愛心的多，持續行善的不多；問題的根源是討論務實智慧的太少。就像昔日社福界注重做「好事」，但很少研究如何「做好」好事。神學教育，可以嘗試多點研究《聖經》中的智慧，例如鄰舍比喻中對資源制約的務實考慮等，令信仰落地可行。

註釋

1. 捕取者（taker）、施予者（giver）、偽善者（faker）、無私型（selfless）、利他型（otherish）等概念，都是來自 Grant, Adam. *Give and Take: A Revolutionary Approach to Success*. New York: Viking, 2013.

紀治興，香港浸會大學工商管理學院客座副教授。豐盛社企學會主席。民政事務局「社會企業諮詢委員會」成員、勞工福利局「社區投資共享基金」成員、扶貧委員會「社創基金」專責小組委員。前惠普環球副總裁及香港董事總經理。

《油樂園》——
獻信望愛　連結教會與社區

孔維樂

小六時，第一首接觸的基督教詩歌是《動力信望愛》。詩歌第一段是：「我站到街中，聽鬧市聲音，我望見艱辛，顛沛眾生。我立志服務，這大片人羣，要讓這動力，燃亮愛心。」

詩歌感悟　蒙召服侍社區

當時我被那優美的旋律和熱情洋溢的歌詞深深打動，每天無聊時總愛對着歌譜唱個不停！後來，我漸漸意識到身為基督徒，應該走進大街小巷，睜開雙眼張開耳朵，感受民間疾苦，以基督的愛與人結伴同行。那些歌詞，就如種子般埋在心田，關懷社會的情懷亦從始萌芽。

小學畢業後一直投身教會事奉，從平信徒到教會領袖，蒙主呼召修讀神學，畢業後重回教會任職傳道。三十載的教會生活令我獲益良多，我因從《聖經》認識到天地的主而歡欣滿足，羣體以愛心釋出的空間讓我自由成長和探索。然而，每段快樂的背後都隱藏一種未圓滿的感覺，細想之下，總感到很多社區上的人還未分享到教會的快樂！

牧會遇上了兩羣人，使我醒察教會的欠缺。第一羣人，是搞社會運動的「八十後」青年，我在教會附近的茶餐廳認識他們，大家經常在餐室相遇，間中同枱吃飯。他們有學問，待人友善，關心時局，會捍衛皇后碼頭，推廣民主教育，為菜園村居民發聲，抗衡洗腦國教，與碼頭工人同行等等。他們像明窗，使我看見身外波濤洶湧的世界。相比之下，教會甚少談論社會議題，更遑論對事件有深度分析與洞見。

另一羣人，是住在教會對面橋底（又稱橋城）的四十多位無家者。十多年來，教會沒有接觸過他們。某年暑假偶然的一次機會，我踏進了他們的空間。還記得當晚我送上飯盒給他們時，刻意保持距離，心有千個不情願接觸的理由。回家之後，卻惱恨自己抗拒他們，更因而痛哭難過，不斷反省背後的種種原因。

冰山一角的經歷，卻讓我發現教會一直存在的問題。教會彷彿象徵着愛和關懷，經常宣講關懷弱勢的訊息。但實際上，不少教會築起了無形高牆，自成獨立世界，與社會不相往來。不難發現，不少信徒理性上知道要關愛貧苦大眾，生活上卻跟他們保持安全距離，眼不見為淨。

碧街18號
社區實驗空間
佔領撐小店
殺到油麻地
4/6啟動
地區自救計劃

粽

耶穌擁抱誰　教會也擁抱誰

我用了兩年多的時間，反思教會與鄰近社區的關係！迷惘中從基督教的神學和先輩找到曙光：「神學上，聖父差遣基督進入世界，教會的使命是參與和延續基督在世使命。耶穌在地上的使命就是教會的使命，耶穌在地上擁抱誰，教會也要擁抱誰。什麼是『道成肉身』耶穌基督的工作？祂藉言行貫徹一生，宣講彰顯天國『公義、復和、喜樂』這些價值，活生生地與有需要者同行，抗衡不公義的文化和制度。」——以上說話是崇基神學院葉菁華教授的教導。

有一次，在塔冷通心靈書室拜讀關俊棠神父的《紅塵誤．悟紅塵》（香港：塔冷通心靈書舍，2009），他以傳道者角度，道出教會和世界的種種矛盾，極具人性的分享使我大得安慰。他曾說：「當你走近耶穌，就愈近人羣，愈觸及到人性深處。」

愈認識耶穌，愈走入人羣——那刻我竟重拾久違了的基督徒價值與方向！

盧雲神父在《和平篇章：禱告、抵抗、羣體》（譚偉光譯，香港：基道書樓，2007）及其他著作，提醒基督徒不可靠個人力量回應世界需要，必須與整個教會羣體同行。個人力量有限，很容易使人流於英雄主義以至陷入枯乾，把自己看成拯救者，忘記了自己也只是被主拯救的凡人——羣體正要抗拒這個試探。因此，關懷社會的工作總不能離開教會羣體。

最後，解放神學以處境為本的思考給了我嶄新啟迪，當中提到教會要「優先服侍窮人」（preferential option for the poor），要為身處社會底層被壓迫的羣體發聲。

辭牧職創區報　與弱勢同行

花了很長時間的獨處思考，與牧者、前人交流，禱告等候天父。2014 年初，我選擇離開教會牧職，以普通街坊信徒的身分，一方面與地區不同教會同行，另一方面與地區的弱勢同行。那時遇上四位志同道合的青年信徒，跟他們分享我所見所感，其後就一起構思在油麻地編印名為《油樂園》的社區報刊。顧名思義，「油」指「油麻地」，「樂園」則是令人忘憂之地，同時寄語，捨己關愛，共建樂園。《油樂園》有四項原則：

1 鼓勵教會信徒進入社區訪問，通過真誠聆聽和對話，認識社區具體處境和需要，免得社區關懷停留在想像階段；

2 締造平台，讓不同宗派的教會參與，達致「突破宗派，合力牧養社區」的理念。區報樂意跟地區內不同宗教和背景的組織合作——讓教會重新學習與社區陌生的異己接觸；

3 區報不以文化和歷史為主導，而是站在貧窮弱勢一邊思考，為他們發聲。所以我們會報道地區最有需要的羣眾，探討地區議題，如受租金影響的小店、露宿者、流浪貓、中港融合、清潔工人、自閉症兒童等等；舉行研討會，以教會羣體的角度回應議題；為小規模但有創意的團體免費宣傳；訪問對社區有新思維和貢獻的人士；

4　親身到區內不同羣體派發刊物，保持人與人間的接觸。

通過以上四項原則的行動，連結教會和社區。

半年後，社區報衍生出不同的地區工作。如「代用券」計劃，不少特色和歷史悠久的小店因高昂租金被迫搬遷結業。我們為小店設計代用券，鼓勵肢體謝絕大財團，到臨小店購物，或將代用券轉贈給區內有需要的家庭。其後，我們籌辦了「油麻地導賞團」，讓教會肢體可親身感受和深入理解社區發展帶來的變化和問題。社區報讓我結識幾位愛好音樂的朋友，我們定時在榕樹頭舉行「窮人音樂會」，將音樂的快樂免費分享給街坊。最後，不少教會因區報認識到油麻地的需要，不時捐出物資幫助，讓我們重新在社區實踐「物盡其用不浪費」、「足夠就分享」、「資源再分配」等價值。我們實在經驗到，「分享」除了是資源共享，帶來快樂，減少垃圾外，也可收窄貧富差距，是對抗貧窮的良方。

Canton Road
廣東道 831L→831

給教會的建議

我為自己有能力施予給社區而感恩。通過施予，我發現自己其實是「受眾」，接受實質的和心靈的祝福，既接受經濟支持，也認識到別人生命的故事，讓他們觸動我僵化的心靈，淨化我斤斤計較的驕傲思想。「接受」其實是學習放下、領會感恩和鍛煉勇氣的功課。無論「施」與「受」，同樣得福。話說回來，我期望跟社區的人（或是動物）發展出平等雙向的朋友關係，而非扮演幫助者的單向角色，我信社區的人同樣在幫助我。教會可以試一試：

1. 成為社區的中介

社區傾斜於以權貴為中心的發展，貧窮和弱勢被（迫至）

邊緣化是不爭之事實。貧者不但難以分享經濟成果，百物騰貴更令他們苦不堪言。地上教會應成為社區中介，友善關懷不同社羣，重建人與人之間的基本信任，帶給無助者一個終末永恆的盼望，為社區不義發聲，逆轉社會歪曲的發展。

2. 拆毀高牆

過去一年，走遍油麻地二十多間不同宗派的教會，坦言，其實教會與社區之間的高牆仍在，外人難以進入，信徒也難以出去，問題相信來自教會神學教育的不足。福音書記載的耶穌，與當時的罪人同枱吃飯（可二16），祂的行動跨越了聖俗界限，打破身分高低的分野。教會若要在社區成為中介，必須要學效耶穌，並移除內心恐懼，就能把阻隔教會的高牆拆毀，使兩個互不相干的世界重新接軌，教會中見社區，社區中又見教會，互相滲存，分而不離。在此要嘉許一羣教會的年輕人，他們不甘做聽道而不行道的信徒，努力與社區異己接觸，不斷用外來經驗，檢視修正自身基督徒身分和教會文化。在我心中，他們正是一班在地實踐天國價值的真正信徒。

3. 「愛」最大

不少教會認為關懷貧窮首要是考慮長遠策略，如人手安排、財政預算、建立社關部門等等，可是這樣做往往會把貧窮人化約為一堆堆非人化的數字、抽象的概念和僵化的政策。天主教教宗方濟提出一句最簡單直接的提醒：「關懷貧窮人的意思，就是去愛他們。」讓我們心存謙卑，承認對貧窮弱勢一無所知，親身進入街頭，聆聽每個生命故事，結識每個有上帝形象的人，認清他們的面孔，甚至去擁抱他們——愛就是如此煉成。

最後，謹以《動力信望愛》彼此共勉：「光陰匆匆多少機會身邊經過？誰能伸手獻出關懷不再退避？只要你（基督或其他人）與我同往，不怕冷笑與迷惘，願降卑效法基督一生辛勤，獻信望愛。」

（本文照片由作者提供。）

孔維樂，油麻地街坊，傳道人；愛探索社區、愛與弱勢同行、愛思考神學、愛發夢與創作，立志做回一個真實的人。

果欄、藍屋、觀塘、土瓜灣——社區組織者的感悟

陳楚思

橋城在油麻地近果欄的橋底，幾十人曾經在那兒搭建了自己的小房屋，居民以少數族裔為主，他們稱之為「downtown」。橋城的社區在2013年中被徹底破壞，因為政府宣佈進行綠化工程，變相趕走這羣露宿者。

「沒有分享，就沒有這樣的橋城。這裏的家具是公社送來的，食物是婚宴剩食。有人買酒來，有人送花去。他們會分享覺得有意思的歌詞、蚊怕水，又教我泡他們的奶茶。最記得是一個朋友打開他的存摺說：『最後500蚊，想請你們好好吃一餐飯。即使今日唔知聽日事，分享呢啲嘢啲，還是令人感覺踏實不少。』」

「有一天，我們和尼泊爾朋友一行四人唔小心束了同一款髮型，我覺得共同很美好。」

「一天一個有吸毒習慣的橋城居民跟我們說：『搞完呢單嘢（指橋城被清場後），我想你哋幫多我哋最後一個忙，幫我哋搵個地方戒咗佢。』然後，我們回去思考了一個晚上，我們一直以同伴的身分去和橋城居民共處和抗爭，也知道這對他們來說是一個重大的決定，而我們之間，真的有了信任。後來這三個人，一個成功戒了，一個戒完再食，overdose死了。一個還在食。」

那天在活化廳讀到這些文字，心情十分沉重。活化廳是一個社區藝術實驗空間，與德昌里二號三號舖合作，在 2013 年底辦了「這家無牆 / 橋城故事」，以上幾句正是展覽的一部分。展覽以幾幅簡單的相片，手寫毛筆中文字及尼泊爾文字，記載一班在油麻地的朋友，跟他們一起生活的故事。

7

沒有分享，就沒有這樣的橋城。這裡的傢俱是公社送來的，食物是婚宴剩食。有人買酒來，

吃一餐飯。即使今日唔知聽日事，分享呢d嘢D，還是令人感覺踏實不少。

6) एक अर्कालाई आदान प्रदान नगरिए

10

* एक दिन त्यस्तो पनि थियो जब हामी सबै जनाले एउटै तरिकाले कपाल काटेको थियौं। यो एकदम राम्रो कुरा हो। सबैले एउटै तरिका एकै प्रकारले गर्नु।

有一天，我們和尼泊爾朋友

一行四人唔小心剪了同一個

褪去身分界定　融入關係

我離開活化廳，走進旺角，人羣在眼前熙來攘往，我心裏想像着寬闊的橋底聚集的人影——他們圍着圈打邊爐，他笑他搶走一塊肥牛，他則默默地吃，誰也沒有道出對離別的恐懼。我想着那些後來走進橋城的人們，沒有充當「義工」，只是自然地成為這個羣體的一部分。隨着每次的搭訕、分享，每個人各自的地址、膚色、職銜，和一切我們以為界定我們身分的東西，都逐點逐點褪去，如同人體每秒不經意脱落的一百幾十塊皮膚屑，於是他們開始融入彼此的關係中，以致單單是束同樣的髮型，都感到美好。甚至，橋城居民主動提出想他們幫忙戒毒，是掏出了決心想克服毒品及連帶對生命的沮喪，將生死攸關的這件事託付給這班同伴，因為知道他們不會站在高地只顧道德評論。

愛鄰舍。我第一次切切實實地看到捨己愛鄰舍可以是怎樣的一回事，心裏很慚愧。他們何以會有這股衝勁去成為露宿者的鄰舍？據我所知，那些同行者都不是基督徒，我想到，耶穌的比喻中，願意靠近傷者的是好撒瑪利亞人，暗示法利賽人也要向外邦人學習。我們作為教會的肢體，從這班同行者能學到什麼？

互助互利社區網絡

社區是實踐愛鄰舍的理想場所，而我對社區的認識，是由幾年前在灣仔藍屋當義工開始。藍屋的社區得以用「留屋留人」的方式保留，一大原因是利東街的抗爭加強社會對保育的關注。所謂「塵封的囍帖、小餐枱沙發雪櫃及兩份紅茶」，其實只是謝安琪唱的〈囍帖街〉歌詞，並不是真正的利東街景物。利東街兩邊是整列舊式六層唐樓，街舖之中囍帖印刷只是其中一部分，還有燙金，和其他不同行業，鐵器、洗衣、剪髮，甚至麻將店。為什麼這麼多間囍帖印刷舖可以共存在一街之中？一間印刷店趕着印刷時，會走到對面另一店舖借紙張，面對客人特別的要求，會直接請他到隔壁某店，燙金店跟印刷店又會合作。很多店舖搬來搬去都留在同一條街。

住利東街的小朋友的一大樂事是放風箏，地點竟然是天台，因為整條街的天台都連接在一起，沒有分你的地盤，還是我的地盤。小朋友會自製風箏，也會找方法將碎玻璃黏上風箏線，用來鎅斷別人的風箏線。二、三十隻風箏，以不同顏色點綴天空，拖曳出的線條，時而交疊，時而分開。這些線條織出來的，不就是一個渾然生成的「社區網絡」嗎？

重建反成為拆毀

沒有了，都沒有了。「重建」帶來的是拆毀，最後建成的是「歐陸式建築」，低矮一排，顏色像玩具積木，另有條怪模怪樣的橋，夾在兩邊的高樓之間。利東街街坊和專業人士，曾共同提出民間規劃「啞鈴方案」，建議街道兩端建高樓，將中間的部分唐樓復修，兩邊高中間矮就像啞鈴，既能發展新住宅，又能保住舊有的網絡，對環境也更好。可惜，發展商只取了啞鈴的形狀，藉機建歐陸式建築提升品味，又借囍帖的意頭，取了個俗氣的豪宅名稱，不知有誰能喜歡的商場名稱「囍歡里」，招攬與婚禮相關的客戶。當初印囍帖的街坊不在這個啞鈴裏面，不在商場裏，很多因搬走而結業。

1,200 多伙單位，平均呎價逾 20,000 元，最誇張的單位連天台及泳池，實用呎價達 51,000 元。商場則預計每年 3 億元租金，其中有四成由市建局賺取。當初街坊搬遷時，得收購價實呎4,000元，扣除收購成本，市建局都能淨賺34億元。市建局作為公營機構，聲稱以人為本，但重建後的環境卻不能供原來的居民享用，也不見得能及得上昔日利東街的生活。

是貪婪改變了應為公營機構的市建局之本質，對錢財瑪門的崇拜遮蔽了眼睛，看不到利東街市民的需要。信徒應該不難理解，是我們平時念茲在茲的罪，潛伏在城市各處，在制度之中，破壞關係，製造混亂。

面對市建局的強橫，利東街街坊創造了自己的風景，在街道的各個招牌掛起抗議的黃幡。有街坊選擇絕食留守，其中一個是May姐。我後來在藍屋的活動認識了她，她雖然個子矮小，但每次我一聽到她連珠炮式地説話，都感受到她裹頭無窮的能量。現在她仍遊走於不同的重建區，跟其他受影響街坊分享親身經驗。

愛鄰舍不一定是嘻嘻哈哈面對的浪漫事情。我想，撒瑪利亞人如果早半天到，見到強盜掠奪那個人，就必會站在他身旁，即使見到強盜舉起刀，仍會擺出堅定不移的姿態。若時光倒流，我們能不能走到May姐和其他街坊身旁，並肩面對推土機？

教會對城市發展的反思

2013年底，我知道觀塘快給市區重建撼動，去參加「觀塘文化祭」活動，在仁愛圍有足球賽、有導賞、有音樂會，讓更多人關心觀塘重建。在裕民坊等過馬路時，一個比我年紀小的女生走近我。用眼角一望都知她是來進行傳福音活動。我望着這個姊妹，心裏禁不住升起對於街頭簡化突兀傳福音活動的批判，雖知道我的批判裏面可能混雜自負，她的簡單裏面又可

熊貓

能混雜比我更單純的真心。我禮貌地說：「我是基督徒了。你的教會在觀塘嗎？」她說是。我告訴她：「仁愛圍那邊有關心重建的活動，你可以去那邊，會有很多人，他們都很需要福音啊。」她不明所以，我再問她的教會是否知道觀塘重建的事，刻意將聲音放溫和一點，說教會也可以做些事。她瞪大了眼，好像乖巧的學生回答老師問題那般，帶點遲疑地說：「呃……我教會有弟兄在政府上班……我可以幫你問問。」

徹底意想不到的答案。她竟然以為是我需要資料，又以為市建局是政府(註：市建局是公營機構，但不屬政府部門)，看來她是完完全全不知道觀塘重建是怎樣一回事，遑論明白教會可以如何理解和回應。我呆了。

回想起來，也許我當時也可以帶着「傳福音」的心腸跟她談談，分享我對於福音和此事的關係：「嗱，你都知道，我們踏足的世界本來美好，有着神創造的秩序，然後罪進來世界。重建當中以金錢衡量事物，剝奪人與人之間和諧睦鄰生活，源於貪心、自私，也牽涉結構性的罪……」如果她看似疑惑，我可以說：「嗯，所以我們來到了五色珠的黑色！然後因着耶穌十字架上的救贖，解決罪惡的問題，即使在不公義的社會，我們都得以盼望新天新地（黃色呀），那不是虛無的天堂，是上帝撥亂反正，恢復世上本有的豐富、多元。天國近了，意思是上帝掌權，人應當悔改，貪婪的商家當回轉；而神所設立的教會要在此時此地實踐祂的旨意，實現天國，例如陪同街坊在面對重建的過程同行……」

沒有，我那時一下子洩了氣，既惋惜又煩躁，沒心情談下去，也怕再說會更失望。教會不只是可以借來在重建時幫幫忙的資源，本來就是全世界最有位置去關心鄰舍困苦、抵抗社會黑暗的羣體呀。有時我擔心教會缺乏對城市發展的反思，間接

辛勞經營數十
重建一鋪清晒

參與了重建巨輪，將社區當成土地資源，關心自己能否擴建一所建築物於其上，多於照顧街坊的實質需要。教會花費大筆教友的獻金買下堂址時，是不是有分推高了街坊每天忍受的昂貴租金？願我們一起反省教會是否有關心社區的需要。

一次遞涼水的反省

輾轉，我來到土瓜灣做社區組織者，籌備社區藝術的計劃，工作期間很多時間接觸街坊。有間洗衣店，門口放着一堆二手影碟，裏面的水管鋪滿厚厚的塵埃，只見有些衣服半掛在洗衣機門口外，不知洗淨與否。每次我路過，就會跟店主清姐（化名）打招呼。她胖胖的身軀擠在椅子之中，垂下的頭讓下巴幾乎貼着胸口，但她會吃力地微微抬頭笑着回應我。我有時坐下陪她聊天，她先是說：「我隻衰腳！」然後會說起過去幾十年家庭、工作和感情的點點滴滴，不是威水史，就是不公平和無奈的故事，低沉雄厚的聲調中，透出倔強的姿態。突然她又會轉話題，拿我和一些工作夥伴開玩笑，迅速將苦澀留在過去。每每是我仍沉浸於剛才聽到的事，心痛着離開。我常常在心裏問：「主啊，對她來說，福音是什麼？如何將一杯涼水給她？」

有次，我看到她凌亂的桌面上，有四瓶不同大小的白花油，向各個方向倒卧，有的連瓶蓋都丟了。我弄不清楚我驚訝什麼；原來白花油有四種大小，原來她需要一家大小的白花油陪伴，抑或是白花油原來好像傳遞了某種情緒。

然後她又開始說故事，好一會後，她直截了當地叫我去替她買荔枝。想到了上次她旁敲側擊好一番才託我買香蕉，這回被信任的感覺，叫我馬上精神抖擻。買了荔枝回來，她就跟我一起一顆一顆的剝荔枝皮，我也不客氣地吃。經常沒胃口的她，讚歎荔枝原來如此美味。

好一段日子後，她搬到了附近的老人院。有次，她堅持要我推輪椅帶她到10分鐘路程之外的土家故事館，我硬着頭皮竟然答應了。一出到老人院就要下擠滿檔攤的狹窄斜路，還要推着過重的她過兩條馬路。我後悔了，我何德何能以為自己能獨力幫助她？有意外怎麼辦？我心裏切切禱告，求神不要讓我一下的心軟和逞強害到她。

到了土家的街口，我已筋疲力竭，竟然還有小小的石級。救命啊！清姐吩咐我進土家請個男人出來幫忙，我觀察完向她匯報說：「最大的男人只有5歲……」我情急之際，張太（化名）衝了出來。她身形跟清姐差不多巨大，如能為她家裏的問題量重量，也跟清姐的辛酸史相差不遠。她用盡九牛二虎之力按輪椅，也無法令輪椅前輪升起，試了好幾次，到清姐都幾乎不耐煩之際，總算將清姐推進了土家。

清姐曾說過不喜歡張太的一些地方，但此刻，她也得學懂接受這個不濟的人給她的帶點差池的幫忙，正如我瘦弱的手臂所付上的一樣——因為她也在自己的缺乏之中。

原來我又錯了，我不是幫助者，是整個羣體的其中一個無力、軟弱的小子。撒瑪利亞人視受傷者為鄰舍去愛護，同時也是受傷者的鄰舍，彼此的身分一樣，大家的軟弱彼此承擔。我醒覺，父的眼目一直看顧，正如有天我極沮喪後，偶然發現送清姐入院的社工，一直有為她禱告。我很理解有人會責怪教會不懂得走進社區，也有時禁不住惱別人對很多人無動於衷，但是天父一次次提醒我，我不是最主動的那位。神感動我遞上一杯涼水，還有很多其他人會接着遞上餅乾，毛巾……我這才留意到，撒瑪利亞人也有託旅館幫忙照顧。

辦區報　連結教會與社區

一晃眼，橋城現在只見到植物。我開始寫這篇文章首段時，聞說染布房街天橋的露宿者，又收到命令要停止使用官地，過一陣子，深水埗天橋的露宿者家當全被燒清光。

在這個不公平的社會，壓迫的劇本每天上演，小人物彷彿總遇到一些力量拉扯、攪擾，像給一個龐大的烏雲籠罩。面對這樣的困境，我很感恩去年終於第一次與一班弟兄姊妹，跟隨福臨堂的同工去探訪橋城一帶的露宿者。那時分階段的綠化工程未波及那角落，因此我們還能與一些露宿者見面交談。兩年前我慚愧地離開活化廳時，沒想過後來正正在活化廳偶然遇到合適的同伴，一起辦一份連結教會與社區的社區報《油樂園》，第一期就到了橋城，更能一起討論反省，終寫成第一期專題文章。感恩天父奇妙地安排同行者，就如現在，有同行者一起到染布房街天橋，趁這四個月的通融期，去認識天橋上的露宿者。你讀着此書的時候，照理他們已全數遷出了，不知去向如何。我需要你成為同伴，我也願意成為你的同伴，當你走到下一條天橋，當我繼續探望清姐，在天父眼目那廣闊的畫面中，我和你其實已在結伴同行。

（本文照片由作者提供。）

陳楚思，自小在基督教家庭和學校長大，經歷過不同宗派取向和風格的牧養，時常思考合一和共融。喜歡用文字分享和整理思緒，作品散見於中學生基督徒雜誌《Catch》及文學刊物。初入職場，投身社區組織工作剛滿一年，從很多非信徒的身上學習愛鄰舍，常留意街上花草和小麻雀。

發展年代，鄰舍何在？——從賈樟柯電影解讀

賴勇衡

筆者已經沒有鄰舍多年。小時候，上學的、遊玩的，都在同一條屋邨裏。從他家、你家到我家之間的走廊、球場、公園都是遊樂場。那時候，我和我的朋友都不會想到有關鄰舍的問題。後來屋邨要重建，我從一條邨搬到另一條邨，發現「和諧式」公屋的特點，就是每樓每戶都更加重門深鎖，以「疏離為和諧」。筆者升上中學後，待在家的時間愈來愈少，隨着成長的步伐，留在外面的時間也愈來愈長，有一天忽發奇想：「鄰人」在現代社會的意義改變了，不再是居住在隔鄰的人。現代人每天跟同學（後來就是同事）相處的時間比家人還要長，其實同學和同事才是「鄰舍」。

又過了一些日子，畢業、就業、轉工，仿如搬家，「鄰人」的面孔再三流轉，人際關係愈見脆弱而短暫。人和建築物一樣，在「發展」的名下，在資本不停流轉的力量中，「樓要重建、人要增值」就是「天要下雨，娘要嫁人」的一種當代闡釋。從香

港，到中國，到全球，資本在流動中增長的邏輯，以及社會各部分皆被納入市場框架之中的趨勢，使「安定繁榮」漸漸變成一種矛盾修辭（oxymoron）——要繁榮，便難以安定，因為只有從流動之中才能產生利潤。然而，「鄰舍關係」卻是需要相當安定的環境才能建立的。

在這當代處境下，「誰是我的鄰舍呢」？

《小武》——連一個鄰舍也沒有

1989年經歷六四屠殺之後，中國鎖定了經濟開放而政治封閉的發展路線，其特徵包括：以專制暴力的手段拆遷重建；產業轉型以驚人的超高速進行；失地農民和下崗工人成為過量的廉價勞動力，流散於各地討生活。

八九民運失敗之後，很多失望卻未灰心的知識分子和藝術家，則拿起愈來愈輕巧的攝錄機，嘗試以影像紀錄和探討急促變化的社會面貌，也特別關注那些在社會底層及文化邊緣的人們。賈樟柯也許是這羣被標籤為「獨立」或「地下」電影導演當中最成功的一位。他的首部電影長作《小武》(1997)攝製時，他仍未從北京電影學院畢業；後來這齣以扒手為主角的片子在海外得到了名聲，他在國內也因「唱衰祖國」之類的原因一度被禁拍片。過了數年，賈樟柯的《三峽好人》(2006)在威尼斯影展得到了金獅獎，名聲響遍國內外。另一位同時樣把國內離鄉別井的普通百姓面貌鏡頭刻畫下來，而在海外獲得名聲的導演是李楊，他首部作品《盲井》也是禁片，寫出「弱者向更弱者抽刃」的心理陰暗面。這些電影描繪了高速發展的社會代價，其中之一就是人倫之瓦解，孤獨成了一種文化上的病徵。

《小武》及後來的兩部作品《站台》和《任逍遙》被評論者稱

為賈樟柯的「故鄉三部曲」。或許以「鄉愁三部曲」來稱之也貼切，問題是這幾齣戲的主角不像其他浪子一般，在離家時才感到哀愁，而是在家鄉裏感到疏離，其憂鬱更難以排解。

《小武》的主角小武是個小偷，發現年少時一起出來混，但多年不見的小勇已經成為了區內知名企業家，其新婚更成為電視台的報道題材。小武雖不獲邀請出席小勇的婚宴，卻為了以前的一個諾言去了小勇的家，送他一疊鈔票作禮金，後者卻生怕那筆錢來歷不明而派人送回。轉型成功的小勇想擺脱小武以及那不堪回首的過去，不想別人知道他跟這小偷有所連繫。諷刺的是他的「轉型」，也只是倒賣私煙和開歌舞廳這類偏門生意，卻已成為了別人眼中的「成功人士」。導演藉這一筆間接批評了從古到今「竊鉤者誅，竊國者侯」的荒謬傳統。

後來小武把感情寄託在一位歌舞廳的陪唱小姐梅梅身上，

一度以為能得到真正的愛情。有一幕戲裏，「媽媽生」讓梅梅陪他出外逛一會。鏡頭隨着他們在街上移動，所拍攝的不止是兩位角色，而是街道兩旁的蕭條死寂。山西人賈樟柯在家鄉汾陽拍攝《小武》，源於他在一次回家過年的時候，驚覺家鄉在各方面皆急促轉變。不只是地理景觀，也包括人倫關係，他便以影像擷取這種轉瞬即逝的時刻。在其鏡頭底下，發展並不意味着金碧輝煌，而是滿目淒涼。

小武捉不緊一段愛情，因為梅梅跟另一個老闆跑了；他回老家，也許是因為他小偷的身分被嫌棄，幾句吵鬧過後便跟家人也翻臉了。朋友方面，屢屢勸小武轉行的藥房老闆因拆遷計劃而搬走；後來小武被捕，扒手夥伴也離棄了他。結局，小武被警察鎖在大街電線桿上，街坊都湊過來看熱鬧。這一刻，小武陷入了絕對的孤獨，彷彿本來可以倚靠的人與物都煙消雲散。他的鄉愁並不緣於浪子流離，而是當所有事物皆在變動時，他仍蹲在原處。不是他離鄉，而是家鄉離他而去。誰是他的鄰舍呢？跟義人一樣，連一個也沒有。

《三峽好人》——小城淹沒　鄰里崩解

《三峽好人》把「有中國特色的鄉愁」以及鄰里崩解的問題，放置在一個既廣延又細膩的複雜敘事中。男主角韓三明在賈樟柯第二部長片《站台》中已出現過，在山西農村討不了生活，簽了下礦挖煤的「生死狀」。多年以後，他在《三峽好人》中來到重慶奉節，要找他那離開了16年的妻子。其實他的婚姻是用3,000元買回來的非法結合，後來因為政府出手把其妻解救出來，妻子更把女兒帶走了。這基本設定呼應着李楊的兩齣電影：《盲井》講述非法經營的煤礦常出意外，礦主輕視人命，有事只會花錢打發；《盲山》則是有關販賣婦女作人妻子的故事，戲裏的「鄰舍」就是合力阻止被賣的女主角逃脫的村民。

三明尋妻的過程並不順利。雖然他拿着妻子的住址，讓當地人帶路，卻發現那兒已被河水淹過，當然人也找不着。跟汾陽一樣，奉節也是一個正在分解的家鄉：因為三峽工程，這小城分階段被淹沒，無數家庭被遷移。導演也是抓緊當中的過渡期來拍攝，記錄現已不復存在的景觀。在發展的巨大渦輪下，最不願離家的人也無法阻擋家鄉之消逝，更遑論「鄰舍」。在等待妻子消息的日子裏，三明加入了當地拆遷工人的隊伍。這隊工人在戲裏總帶着諷刺的意味：毀家成了養家的手段，大家都在拆別人的家，最後還有哪一家能留得下？當三明跟工頭初次交談時，工頭説起當地勝景夔門，便掏出一張10元紙幣，因為上面刻印了夔門風景（三峽工程使水位上漲，景觀已變）；三明介紹故鄉山西，也掏出一張50元紙幣來展示黃河壺口瀑布。彷彿在政治和經濟的力量消滅了人的故鄉以後，人只能以國家認可的錢幣來懷鄉。

然而，在這人與事皆在流動與離散的世界中，賈樟柯卻勉力抓住那些希望閃現的瞬間，就像戲裏倏地掠過雲端的UFO。這種在寫實基調中冒現的超現實筆觸，就如文藝對社會現實的介入，藉着創意重構「鄰舍」的意義。三明在奉節認識了一個少年，有一個渾號叫「小馬哥」，即是港產片《英雄本色》裏的Mark哥在國語版本的譯名。小馬哥是個小混混，最初跟三明相遇時把他強行拉去看魔術表演。他十分崇拜周潤發，模仿他在《英雄本色》裏用紙（幣）點煙，又用《上海灘》作電話鈴聲。有一次小馬哥被仇家打傷後被三明所救，便跟他稱兄道弟。小馬哥是個混淆了想像世界與現實世界的喜劇角色，卻落得悲劇收場。滿口道義的他奉命拉隊去跟別人「開片」，還跟三明約好晚上回來喝酒。但回來的卻是一具被偷偷埋在地盤裏的屍體。為小馬辦理後事的只有三明；他的家人、道上的夥伴，以及用50塊錢便叫他賣命的「老大」都不知在哪。只有三明這個異鄉人是小馬哥的鄰人。小馬哥從電影創作中汲取人生的養分，追逐江湖義氣，也懂借用《喋血雙雄》

的對白來述說自況：「這世界已不適合我們了，因為我們都太念舊。」正是這種天真的不合時宜，在這萬物分解流離時代使他與憨直的三明建立真正的友誼。

耶穌顛覆「鄰舍」概念

耶穌在〈路加福音〉第十章回答了一名律法師有關「愛鄰舍」的問題。對於那遇劫受傷的人來說，他的「鄰人」就是那憐憫他的撒瑪利亞人。撒瑪利亞人被當時的猶太人視為不純正的異類，在耶穌的眼裏卻比猶太祭司和利未人更符合「鄰人」的定義。耶穌用這比喻顛覆了既定的「鄰舍」概念，擺脱了基於社區畫界、繼而是民族身分而定的本質性論述，代之以屬於意志與行動的「憐憫」來定奪。很多信徒從中推論出一個正面的教訓：你要憐憫別人，愛人如己。那麼信徒便是主動透過憐憫來構成「鄰舍」的關係。不過，耶穌向律法師問的問題是：「誰是受害者的鄰人呢？」而不是「誰是撒瑪利亞人的鄰人呢？」那麼，焦點本來就落於那被動的受害者身上。若「我的鄰舍是誰？」的答案由我主動透過憐憫誰人來決定，便隱含着我透過「不憐憫」來排除「非我族類」者。但我不過是被動的，於一個被動軟弱的境況中等待並盼望着恩惠。憐憫的主動權在「鄰人」手中，那麼，顯然神子就是一位「鄰人」，捨身呼召世人以愛回應。

賈樟柯和李楊的電影裏，主角往往是一些被動和弱勢的人，不只是權勢上，也包括道德上的軟弱。如《小武》和《三峽好人》所呈現的，當代中國的老百姓不是人離開家鄉，就是被家鄉遠離。好撒瑪利亞人和劫匪都是在路上而非家鄉出現的，正與那些電影中「人在江湖漂」的處境類同。《盲井》中初次出城打工的少年元鳳鳴，比小馬哥和三明更愚鈍，也更弱勢。他遇到兩個大叔唐朝陽和宋金明，幫他找到一份挖煤的工作，卻不知他們是掛着「好撒瑪利亞人」面具的強盜。唐、宋二人賺錢的方法是先裝作受害者的親戚，騙人去一些不合規格的煤礦工作，在井下殺人，再裝成工業意外，以家屬名義向礦主敲詐一筆。他們分了贓便馬上匯回老家，也是為養家而毀家的例子。對於他們來說，這世道人心比煤更黑，大老闆並不看重工人的命，你不仁我不義，反正中國就是人多，人命就是賤。為了生存，弱者必須向更弱者抽刃。

元鳳鳴這純良憨直得超現實的少年卻如一顆小石頭，給擲向被油污染黑的湖面，泛起的漣漪竟然產生出剎那的一道亮光。宋金明跟元鳳鳴以叔姪的身分去煤礦找工作，前者一直找理由推延唐朝陽的殺人行動，因為少年教他想起了自己的兒子。終於，唐朝陽按捺不住，在礦井下先向拍檔的頭部一擊，再向元鳳鳴下手，卻冷不防吃了宋金明的一記還擊。吃驚的少年逃出了礦井，留下同歸於盡的二人在井底裏。元鳳鳴以死難者家屬的身分，拿了一大筆撫恤金回家。那時候，他大概未弄清事情始末。宋金明對少年生了憐憫，裝好人的強盜真變了好鄰舍。他救了少年的生命，少年則挽救了他脆弱的靈魂。

賈樟柯的《世界》(2004)中，「誰是鄰人」的問題被置在一個全球化的語境裏。女主角趙小桃在北京的主題公園「世界公園」工作。「世界公園」是個複製各地名勝的微縮景區，而小桃也穿上各地民族的服裝跳舞娛賓。全球化發展把一些人的家鄉改變成超真實(hyperreal)的仿製品，不過沒有人理會這「世界」是假的，重要的只是從中賺回來的錢是真的(就如人民幣上的風景畫所顯示的)。小桃的善妒男友一方面催迫着她跟他發生性關係(作為一種確認)，另一方面則背着她追求另一個女人。電影呈現出日益發達的通訊科技，並未促進人際間的溝通信任，反而成了欺騙的工具。反諷的是，賈樟柯加插了一個不諳漢語的角色——來自俄羅斯的女子安娜。她本來是小桃在「世界公園」的同事，後來換了工作。她們幾乎不能用語言來溝通，之間卻有一點無以名狀的親切感。

有一次，小桃跟朋友去卡啦OK酒廊消遣，被同場出現的一個土豪以為她是會為錢賣身的女子。感到受辱的小桃掙脱其祿山之爪，躲進洗手間去，卻給她碰到了安娜，原來後者轉行當了陪唱女郎。她們語言不通，卻瞬間明瞭對方的愁苦，相擁而哭。在發展中國家，低下層的女性往往是弱勢中的弱勢，小桃和安娜為了生活，遭受着階級和性別兩個層面的壓迫，她們的境況跟《小武》的歌女梅梅、被拐賣的《盲山》女主角和《三峽好人》三明的妻子一致。誰是她們的鄰人？「同是天涯淪落人」，言語已是不必，資本主義的全球化使原來的家鄉鄰里結構瓦解，卻也締造了新的鄰舍關係產生的契機。

關鍵——置身軟弱被動位置

這些年來「大國」意識越見興奮膨脹，賈樟柯和李楊這類電影工作者卻把鏡頭對準那些無權無勢的人，呈現他們孤單又脆弱的心靈。他們不要讓觀眾像看商業大片那般，藉着英雄人物而逃遁於幻象，而是以銀幕為明鑑，反照自身軟弱被動的面相，並在寫實與想像的夾縫中擦出希望的靈光。耶穌「好撒瑪利亞人」的比喻回應的是「怎樣才可承受永生」的問題，而「承受」

就是屬於被動者的。從鄰舍的主動位置作思考的起點固然可以帶來行善的動力，但更關鍵的仍是置身於軟弱被動的位置。天國子民的身分是一份饋贈，不是爭取回來的，蒙恩者只可選擇是否以愛回應。這樣的論述正好跟主流文化中對發展和成功的追求背道而馳。

賴勇衡，電影/戲劇評論人，國際演藝評論家協會(香港分會)會員。Facebook: Bruce Lai Yung
網誌：http://brucelaiyung.blogspot.hk/

先了解，再接納——做好鄰舍第一步

思程

誰是我的鄰舍？直接來説，就是我身邊的人。家人、朋友、同事、鄰居、在地鐵車廂站在我身邊的人、在路上與我擦身而過的人，都可説是我的鄰舍。需要幫助時，身邊不論是誰，立時向我們伸出援手，「遠親不及近鄰」就是這個意思。然而我們很多時都不能選擇誰是我們的鄰舍。

從同理心角度看，不論遠近，我關心的人，都是我的鄰舍。就是本來和我們沒直接關係的人，受到苦難，也會令我們產生憐憫之心。例如，在巴黎發生了《查理周報》慘劇，世界各地很多人都拿出「我是查理」的標語作支持；回應敍利亞的內戰和人道慘劇，很多人向援助機構大力捐助；這時候，法國人民，敍利亞人民，和關心他們的外國人，都成了鄰舍。

事實上，國際社會也倡導全球人民互為鄰舍。在聯合國憲章（Charter of the United Nations）的序言，寫上各國應'practice tolerance and live together in peace with one another as good neighbours'力行容恕，彼此以善鄰之道，和睦相處（參http://www.un.org/zh/documents/charter/preamble.shtml）。

這序言清楚寫明在聯合國通行證上，提醒我們出差時，每到一個國家，遇見任何人民，行為都必須秉持這原則。

鄰舍差別　互相補足

與和我們相似的人做鄰舍當然好。相同信仰、相似背景、相同種族、相似政見等，容易「同聲同氣」嘛！但現實是，人們彼此間的不同引起的不接納，導致了歷世歷代很多衝突和戰爭——就是難以共存。所以John Lennon的*Imagine*，成為了提倡世界大同，和平的重要作品：

Imagine there's no countries.

…… Nothing to kill or die for.

And no religion too.

…… Imagine all the people living life in peace.

…… And the world will be as one.

*Imagine*指出的就是：如果沒有差異，我們便可和平共存。但沒有國界，沒有宗教，在現實上可能嗎？我們真的需要這樣，才可活在和平中嗎？即使是宗教相同的人，也會因對信仰理解不同，或對其他事情看法不同而不和 。我們經歷了雨傘運動，可能也經歷了因不同政見，而與教友、朋友及家人反目的情況。但從另一角度看，我們活在一個多元化，七彩的世界，除了和而不同，我們更可利用彼此之間的差別，互相補足，造成更美好的效果。如何看待與我們不同的鄰舍，反映了我們的見識和胸襟，更考驗我們的愛心。以下筆者想通過分享一些親

身經歷，與大家討論應如何和我們不同宗教和種族的鄰舍相處。

視回教徒同事為鄰舍

我在基督教家庭長大，上基督教學校，身邊很多家人、朋友、同事都是基督徒，自己對其他宗教不很了解。直到加入國際組織工作，認識了很多不同宗教信仰的同事，才體會到其他宗教的特點，更重要是學到如何尊重及理解不同宗教。

以前和我同一辦公室的是一位印尼人。她上班第一天，就有點不好意思地問我：「如果我在辦公室祈禱，會不會打擾你？」我想，當然不會，除非你很大聲地說禱詞吧！到了第二天，我才明白為什麼她如此問我。

那天下午某時候，我見她在辦公室一角放了一張氈，然後從袋中拿出了一件清雅的長裙穿在身上，再圍上了同一設計的頭巾，然後開始跪下祈禱。過了幾分鐘，她就站起來，把長裙、頭巾和氈都收好，又再繼續工作了。由於我們辦公室沒有祈禱室，同事們每見到她祈禱，都特別安靜，免得打擾她。

原來她是一位非常虔誠的回教徒。在印尼的時候，天天五時前她就起床去清真寺祈禱，每天也會準時祈禱五次，就是到了歐洲，這習慣也沒改。除了祈禱外，她也只吃清真食物。雖然我們的食堂和很多餐廳都有素菜，但她認為在準備的過程中，可能不小心沾到了非清真的食物，所以她天天都自己帶午餐。知道她不太想吃外面的菜，但我們幾個同事又想一起吃飯呢，怎麼辦呢？她就每星期都有一次煮了幾個人的分量，次次菜式不同，和我們分享 。她真的是煮得一手好菜，我們都稱她為大廚呢！

幾個月過去了，我和她成為了很好的朋友，無所不談。話題之一，就是基督教和回教。我們討論的時候，都很開放，沒有誰想改變誰，只是很好奇，很想多了解。我們在彼此身上了解多了兩種宗教的教義，而以往很多我對回教和回教徒的誤解，都因為和她相處和討論，而化解了。

我很珍惜和這朋友的相處，更是因為被她的忠誠和身體力行所感動。她是我見過品行最好的人之一：為人謙遜，即使她在印尼是高級官員；從不貪少便宜，即使她本來不富有；非常善良，工作從不偷工減料，從不道人是非，從不說謊話。她告訴我這都是因為信仰的緣故。我很好奇，她這樣虔誠，為什麼平日不用頭巾，只在祈禱時用頭巾呢？她解釋用頭巾是對信仰忠誠的表現，行事為人要更純正，而她認為自己的品行還未好到這地步，要更努力。她對自己品德要求之高，教我十分尊敬。

認識了這回教好朋友，令我想起我們作為基督徒，是否只看基督徒為鄰舍，而很少關心信仰其他宗教的人呢？在教會，我們很多時都為被迫害的基督徒祈禱，求主拯救他們。但其實，世上有很多人都因宗教受迫害，在印度的回教徒和印度教徒（大家在電影*Slumdog Millionaire*也看過）；在中非共和國，尼日利亞的基督徒和回教徒；在北愛爾蘭的天主教徒和基督徒……他們互相敵視，甚至仇殺，實在可怕，也令人傷心。很多宗教衝突都不是信仰問題，而是政治問題。但不論如何，我們有否為受迫害的其他宗教信徒祈禱？因為他們都是我們的鄰舍。

勿道聽途説界定他人

對於「白人」的看法，在香港留意到兩個現象。在香港見到的歐美澳人士，都以白人為主。聽説過不少受過了正規教師訓練，説得一口流利英語，也是土生土長的英/美/澳/加人，但找不到「西人英語」(English native speaker)的工作，原因是他們的膚色「不對」:「你是黑人/黃種人，家長怎會信你是『西人』?」反而不少白人，可能受了很少訓練，就很容易找到教英語的工作。另外，我們也看到不少香港的品牌及樓盤廣告，莫名奇妙地用白人作代言人，說明很多人相信白人就是高人一等。

先討論第一種情況：膚色定型，例如以為英國人一定是白人。有一次我們開一個會，邀請了三十多國的教育官員和學者出席。他們來到時都要先取名牌。最後還有英國代表和納米比亞代表的名牌留下，我們見有兩組人向我們走過來，一組是三位黑人，一組是一位白人，兩位黑人。心想三位黑人的一組，必是納米比亞吧代表！但原來他們是英國代表，有白人的那組才是納米比亞代表。

自己聽過不少香港朋友說，巴黎某一膚色人種太多了。其實什麼是「太多」? 由於移民、殖民和國界改變等等原因，一個國家的種族變得多元化，膚色也一樣。法國和很多國家一樣，都是一個多元種族的國家。2015 年一月在巴黎發生的《查理周報》慘劇，殉職的三位警員，一位是白人，一位是黑人，一位是阿拉伯人種(阿爾及利亞)，法國傳媒和政界都以此為代表法國多種族的特質，三位警員也成為法國人民團結的象徵。

第二種情況：種族定型。有時我們會聽到人説：某某國籍的人行為都這樣。例如説：「原來他/她是日本人，怪不得做事這麼勤快！」「看他/她多嚴謹，必是德國人。」對種族正面的定型，無傷大雅。中國人、日本人、韓國人一般都被視為工作效率高，又有責任心，這方面我是很高興的。但有時我們也聽到這樣的評論：「這文件寫得錯漏百出，作者是X國人，what do you expect?」「X國人都是這樣，口水多過茶！」在國際環境工作，可作出如此評論的機會多的是，但我們作為聯合國人員要非常小心，不可作出種族定型的評論。其實，誰說同一種族的人行為都一樣？

有一位在巴黎土生土長，幾代都是法國人的黑人同事告訴我，由於膚色關係，她自小被歧視；家境不太好，唯一「出頭」的機會是努力讀書和工作。她得了博士學位，在事業上也很成功。但至今在外面，即使她穿得多體面，仍有一些人以為她是清潔女工（在巴黎很多黑人當清潔工）。我也想起自己初到歐洲，間中有人問我：「香港人很會『走精面』，是嗎？你一定帶了很多錢來買名牌袋了。你家人開餐館的嗎（很多中國人在歐洲開餐館）？你是中國人，為什麼英語會說得這麼好（暗示中國人英語一定差）？你是佛教徒吧，中國人不都是佛教徒嗎？」聽到這類說話我就沒好氣，覺得問我這些問題的人都有點無知。我被錯誤定型了！誰說香港人，中國人都一個樣子？一個人的種族，並不界定了這個人的特質。因為全球化，很多人的行為和信念都受到不同文化影響；我很想別人認識我的「真身」，而非以道聽途說來界定我。我們不都應該如此認識鄰舍，了解鄰舍嗎？

融化對立，互接納

聯合國憲章內文多次提到，不論人們的種族，性別，語言或宗教是什麼，都應得到平等對待和尊重。聯合國主張，在這個多元化的世界，保持和平的方法，就是「學習共存」（*Learning to live together*，參http://en.unesco.org/themes/learning-live-together），想起謝安琪和小克的作品〈勢不兩立〉：

怎共存？世界已經分拆。

誰可共存？⋯⋯

融化着對立，互接納……

融和能量界限……

時刻共存，求同存異結集……

……孕育着千種生態。

細微卻是偉大，各眼各花各界。

又為什麼不可以少點紛爭，少點批判。

喜歡，討厭，別用腳一踩。

如果我們能如此共存——先了解，再接納，就是做好鄰舍的第一步了。下一步，就是關愛我們的鄰舍了。

思程，任職聯合國，負責非洲教育項目，前駐法國巴黎，現駐肯雅內羅比。

不為意——
實踐好撒瑪利亞人心懷的障礙

許承恩

在現實生活中，〈路加福音〉中「好撒瑪利亞人」比喻的提醒，時常出現。

曾聽過一個故事，內容提及一位神學生，他趕着出席一個釋經課程，主題正是「好撒瑪利亞人」。剛巧，神學生臨出門口的時候，其中一位他不太熟悉的朋友打電話過來，尋求幫助。由於時間不足，神學生不得已暫時拒絕幫助，如常出席釋經課程。

大家可能已經估計到事情將如何發展。當這位神學生到達釋經課程課室時，導師說道：「最能夠學到好撒瑪利亞人道理的方法是什麼？當然是現實生活的實踐。剛才你是否收到一個需要求助的電話？你應該如何回應這位需要被幫助的朋友，才能實踐好撒瑪利亞人的精神？」

其實，在日常生活中，以上的處境可能時常出現。不過，這並不代表我們不想實踐好撒瑪利亞人的心懷，而是「不為意」而已。

三種「不為意」

回顧好撒瑪利亞人的教導，我們或會問：「為什麼祭司及利未人會掩面不顧，未有實踐上帝喜悅的助人舉動？」在這裏，筆者並不準備釋經，只是希望藉好撒馬利亞人的教導，反思一些在日常生活中可能會遇見的事情。

1. 忙碌

有時候，我們對某些弱勢羣體掩面不顧，可能是因為「忙碌」。

工作的壓力，社會眾多不公義事情，很容易令我們變得很「忙碌」，遺忘了某些社羣。這並不代表我們不關心別人，我們也有可能「忙碌」着關心一些自己想關心的社羣、想關心的議題。不過，這種「忙碌」也令我們容易遺忘身邊的社羣。

正如祭司和利未人，他們有可能趕着路，準備去關心一些目標社羣。可惜，這反而令他們忽略身邊同樣有急切需要的人。

例如，不少中學生組織看到各國發生自然天災時，會積極發起籌款運動，捐助物資予其他地區有需要的人，非常「忙碌」。不過，在平常日子，這些中學生也有可能忘掉遠在天邊，近在眼前的「鄰舍」，例如在學校附近舊區貧困、老年人。

2. 身分

另一個令我們未能成為好撒瑪利亞人的原因，可能與我們的身分有關。

其實，大部分香港人心地善良，關心社會。可是，縱然香港被喻為國際城市，在日常生活裏，我們沒有很多機會與不同國籍、文化人士平等交流。例如，我們對外地傭工、少數族裔、新移民等人士，未必有深入了解，難以作出適切的關心。

再次想起祭司和利未人，他們不一定自高自大，忽視他人需要。不過，當他們太習慣行事顧全身分，很自然會忽略一些不符合自己身分的想法。例如，他們未必懂得好好體恤一些不潔淨的人，或一些他們眼中的罪人。

有時候，作為香港人，我們太習慣以香港人的標準去對待「鄰舍」。例如，我們會很關心香港人的權利，但卻不自覺地忽略外地傭工的工作權利、情感需要；我們也以為少數族裔很容易可以學好中文，融入我們的社會；我們也會偶爾批評領取綜援的貧苦人士，認為他們可以輕易以「獅子山下精神」脱貧，甚至致富。

3. 資源

除了生活忙碌，身分考慮之外，資源是否足夠，同樣是一個考慮因素。

很多時候，我們的確擁有可以幫助別人的資源。不過，我們仍不禁會問：是否值得提供這些資源？為什麼要由我們提供這些資源？簡單而言，我們是在猶豫：是否值得投放資源在某些社羣身上？或者，我們會想：投放資源在某些社羣身上，對整個社會而言，有什麼好處？

這種想法，有其合理之處。社會資源有限，很難滿足所有羣體。既是如此，我們會常常期望資源投放得宜，能夠令整個社會得到最大的好處。不過，正因如此，一些比較弱勢的「鄰舍」，或者難以對社會提供回報的「鄰舍」，最容易遭忽略。

檢視好撒瑪利亞人的故事發展，好撒瑪利亞人有充足的資源幫助別人。他不但即時為受傷的人提供幫助，也提供額外金錢作為住宿，給予不少援助。

大家也會認為，祭司和利未人照理也擁有足夠資源去幫助人。可是，他們有可能考慮上述問題：為什麼要將資源投放在這個人身上？投放資源過後，究竟有沒有自己所期待的結果出現？

所以，再度想起耶穌講述好撒馬利亞人比喻的因由，的確有意思。好撒馬利亞人比喻所回應的問題，是「誰是我的鄰舍？」答案顯而易見。好撒瑪利亞人就是一位懂得去愛鄰舍的好人，他放下眼前忙碌的事情，不計較身分，投出資源卻沒有計算回報。

這種愛鄰舍的表現，時至今日，仍值得學習。

青少年關注受助者立場

當我們思考現今的香港青少年公民教育，上述好撒瑪利亞人比喻所隱含的寶貴價值，很值得向青少年推廣。事實上，青少年很容易「抄襲」成年人世界所信奉的那一套思想。

在成年人世界中，我們的確會有愛鄰舍心腸，但正如上

述所討論的現象，無可避免地，在幫助人的過程中，成年人自然會問：自己有沒有空間去幫助別人？自己為什麼要幫助這些人？幫助這些人將對自己或社會有什麼回報？

所以，青少年也會問相似的問題。更值得關注的是，青少年幫助別人時，難免要同時滿足學校要求，或升學文憑試的「OLE」(Other Learning Experience)要求。最終，幫助人的善舉，也有可能變質。

而且，雨傘運動過後，整個社會分化，青少年更關注受助者的「立場」，甚至習慣自以為義，先檢視其他人的立場，再決定如何評價對方，或會否幫助對方。正因如此，成年人世界更須樹立榜樣，讓青少年了解如何不計較時間價值、身分地位、資源回報，還有政見立場，盡心、盡性、盡意、盡力，去愛身邊有需要的鄰舍。

許承恩，基督教宣道會宣基中學通識科主任，香港通識教育教師聯會主席，多年致力參與香港高中通識教育發展，多次就相關主題主講講座、撰寫報章評論及出版書籍。

工作假期體驗——鄰舍的視點與心懷

司徒咏姍

關於鄰舍的故事，大抵也離不開「接待他人」和「被他人接待」。

2013年，我和老公趁着還未到30歲，決定搭上尾班車，參加工作假期（working holiday）往德國。離開了香港，我們不再屬於社羣的大多數，家人朋友都不在近鄰。一切熟悉的，不再是必然；日常所見，都是陌生的。於是，在途上，許多時候，除了祈禱，就只可以仰望那可能出現的「鄰舍」。

那365天，從歐洲到南美洲，我們周而復始地經歷「接待」和「被接待」。我們住過旅館，也當過陌生人的沙發客（couchsurfer）；試過打工換宿（help exchange），也試過與各國移民一同做工廠工人；試過離別時抱着東道主哭，也試過被主人狠狠地趕走。

在「接待」與「被接待」之間，我們慢慢學習做一個好鄰舍的意義。

在德國家庭打工換宿

六月下旬，我們完成了短促的秘魯三星期之旅，終於回到歐洲。在法國逗留兩天，就立刻坐通宵巴士往法蘭克福，再轉車到位於德國南部的中型城市紐倫堡。經過三十多小時的航程，中間的波波折折，我們坐到旅遊巴上，都累透了。

我記得，那天車外下着雨。睡不着，就捲在狹小的車廂內不斷胡思亂想，腦袋似乎停不下來。心情很緊張，完全不知所措。「我們即將要寄人籬下了。」我說，小小聲。

其實大部分去工作假期的朋友，初到埗，都會選擇找那邊的華人社區落腳，好儘快有個照應。我們卻傻傻的選擇直走進當地人家——以打工換宿的方式[1]，嘗試在最日常的生活裏，學習德國文化。在網上跟不同的家庭聯絡時，我們還是很興奮很雀躍的；但真正來到時，心裏卻戰兢。他們會怎樣看待我們呢？我們會打擾他們嗎？我們會相處得來嗎？

或許是，因為身處香港的時候，我們實在太少被接待的經驗。侃侃而談的「好客之道」，只會是在街上一剎那的相遇，一點禮貌的協助，一個親切的笑容——然後各走各路。我們都很獨立、很自由往來；不懂做客，更不用說是做「食客」、「沙發客」。

長途巴士駛進終站時，我們看見一對老夫婦坐在路邊長椅上。他們一見到我們在車上，就使勁地揮手，完全打破了德國人的冷漠形象。Lothar叔叔和Brigitte媽媽，就是我們在德國遇上的第一對「鄰舍」。

Lothar和Brigitte都六十有多，住在紐倫堡市附近的郊區。「我們整條村莊只有 42 人。」他們常笑說。Lothar是自僱人士，有科學博士銜頭，開了一間一人顧問公司，替人評估室內霉菌問題；Brigitte是退休小學老師，卻還是「百足咁多爪」，喜歡學唱歌、做瑜伽、讀詩等等。他們的獨生子Philip，在澳洲工作和落地生根了。他們會成為打工換宿的主人，是因為Lothar工作忙，怕太太悶，就想有人陪陪她。而且Brigitte害怕搭飛機，三十多年沒出國。但她仍對世界很好奇，接待客人就成了她了解世界的窗口。

「我們是你們的第一個打工換宿東道主，你們也是我們第一對客人呢。」Brigitte笑說。原來這是大家的第一次「互相接待」。他們收拾了Philip的房間，給我們做客房，有點不好意思地說：「地方淺窄，多多包容。」我們連忙解釋，這房間是我們香港房子的三分一了。

別忘了，我們是來打工換宿的。

Brigitte他們按建議[2]，每天只需我們工作六小時左右（因為打工換宿的最終目的是「文化交流」，而不是當廉價勞工啊）。兩個軟弱無力的城市人，就開始了打理花園、清理雜草、劈柴、清潔屋頂等雜務，天天汗流浹背，曬得通紅。他們把在鄉村生活的知識告訴我們，我們笨手笨腳的開始適應。Brigitte的英文水平還可以，但Lothar叔叔只有很基本的生字，我們平常溝通多以德文夾雜英文；後來Brigitte知道我們想學德文，就索性只說德語，我們又跌跌碰碰地學過來。除了這些新知識，我們還學習德國人的生活習慣：他們一天只吃一頓熱的食物，早上起床就吃麥皮生果，週末會一起去小型鄉郊啤酒節等等。

打工換宿可貴之處，是你可以放下拘謹，在鋸木與拔草之間，在工作處境之內去投入與別人相處。但要當個好客人，其實並不容易，因為你要嘗試進入別人的生活處境，配合他們的習慣。「儘量不要打擾他們平常的routine就最好吧！」我常想。於是，我們使勁地在一、兩天內記下他們的餐具放哪，怎樣佈置餐桌，怎樣弄早餐，在超市要買什麼樣的牛油、麥片……

沒所謂，這想法太傻了！

我覺得，自己做好了「工人」的角色，就是做好了「客人」。但對於Brigitte和Lothar來說，卻不是這樣啊。

有天，Brigitte問我們：「你們午餐想要吃匈牙利燉牛肉，還是雜菜燴呢？」我們倆鬆鬆肩，就說：「沒所謂，你決定吧！」這平常不過的答案，卻令Brigitte相當不高興：「這點小事怎會交給我決定呢？你喜歡還是不喜歡，就一句吧！」對於傳統德國人來說，是就說是，喜歡就說喜歡，不喜歡就不喜歡，也沒有什麼好尷尬的。若然不懂選擇，也應該要問個明白，再下決定。但我們卻是那種什麼也沒有所謂，習慣了把決定交給別人手的「港孩」。更何況，我們現在「寄人籬下」，人家給你吃的喝的，很自然就會想，自己比他們好像遜一籌，我們沒權講太多，或是什麼也沒所謂就好了。

「這想法太傻了！」Brigitte說，「你們來，是豐富了我們的生活，成了我們的幫手。你怎會沒資格說出自己的選擇呢？我們是平等的。你可以隨時選擇走，我也可以隨時選擇請你走，但我們卻同時選擇共處，這就是可貴的地方。」

「被接待」與「接待」的，都只是當下的角色，不是權力高低，也不是財力比併。在相處的日子裏，我們花最多時間，就是互相解釋彼此的思維模式，然後好好明白。觀點不同不是問題，重要的是可以明白對方的初衷，而不是輕易由情緒帶動，去處理彼此之間的不同。要做好鄰舍，先要有這種平等看別人和看自己，尊重彼此的背景和自由的想法；不然，你資源再多，心腸再慷慨，也只會是把自己的價值硬塞給別人。坦白說，這是許多渴望成為「好撒瑪利人」基督徒的盲點。

後來，我們發現，自己在當客人的時候，其實也是在「接待」他們。Brigitte的爸爸Georg那年夏天生日，我們早兩天去了他家幫忙清潔，然後買了點手信，就一起去參加派對。席上賓客一直拉着我們「傾偈」，Georg跟我們喝酒，他們又教我們講許多德文俚語，一邊笑一邊吃。我們當然覺得好高興。想不到的是，Brigitte和Georg都很開心，說「有兩個中國朋友來慶祝生日，好特別」。Georg不久就過身了，Brigitte說她很感謝我們，讓她爸爸最後一年的生日，全家人也很難忘。過了一年多，Brigitte 終於鼓起勇氣，和Lothar去澳洲探望兒子，途中特地在香港逗留三天。他們仍然提起那年我們讓Georg和他們一家有多快樂，他們家人還帶了手信給我們。

我們做的，不過是吃吃喝喝。但美好的「接待」和「被接待」的共通之處，除了是平等和尊重，也是坦誠與投入。不計算，不猜度，就開心見誠地共享當下的時刻和空間。作為「鄰舍」，就是要有這種開放，放下「幫助者」和「受助者」的權力標籤，這才能讓關係滋長。

與異國廠友相處

除了Brigitte和Lothar的家，我們在德國南部還住上了三個家庭，經歷了許多同屋共住的起起伏伏。九月秋天來了，我們才開始「自立」，在紐倫堡市租了個不到300平方呎的單位，開始找工作儲錢再上路。

憑着三腳貓德文，我們在外判公司找到工廠替工，時薪8歐羅，兩個人的生活費和屋租總算有着落。這是我人生第一次做體力勞動，也是第一次身處一個多種族的工作環境。德國是其中一個最多外來移民的歐洲國家，初來報到的移民，因為德文不佳，大都會先到工廠打工。跟我們一同工作的，有來自波蘭、意大利、坦桑尼亞、土耳其、也門、白俄羅斯等等的工人們。

「接待」除了是真的把對方接到自己家中住，招待他們吃喝，也是學習如何在日常生活中，彼此守望，為對方的日子加一點甜。我們在工廠內也曾好好地體會過。

那是一間印刷廠，我們負責訂裝購物和電視雜誌。每天早上六時開工，下午兩時收工（早班），工作很簡單，就是把一疊疊的內頁，排列好，放入猶如八爪魚一般的機器內。在機器的轟轟聲中，我們努力用英文夾雜德文和同事們溝通。有一位意大利叔叔，來了德國好幾十年，德文還是半鹹淡，常常在我們中間說笑，每次見我喝水，就說：「是的是的，大家要喝電油（benzene）了。」因為我們重複着沉悶的工作，就如同機器人一樣。又有一位波蘭同事，姓氏是利雲度夫斯基（Lewandovski，與著名德甲的波蘭籍球員同姓），身形相當高大，去過香港，他最喜歡介紹自己的家鄉風光。後來我們一月去了趟波蘭，也是按着他建議的地點。

還有那很勤快的也門弟弟，每天上早班，希望留在德國；那位很喜歡香港電影的土耳其叔叔，常跟我談徐克（他人生最愛的電影是《倩女幽魂》）！談黑幫片武打片。彼此交換笑話，一起吃麵包，分享咖啡或是家鄉香草奶茶，是這些小點滴讓大家都捱過每天的八小時工作。

大家也離鄉別井，雖然言語、文化不一定互通，但處境相近，是更容易將心比心，彼此支持。我記得有一回，他們問起我的家鄉，想知道為什麼好端端要離開生活（似乎）很富足的大城市，來這邊吃苦。我還未想到要怎回答，土耳其叔叔就開始說：「我父母從土耳其來德國，生下我，我在這裏長大，卻又不像德國人。如果我回到土耳其，我又會成為外國人，這一切都很複雜。你明白嗎？」他問。我點點頭，想告訴他我明白，我聽過許多移民外地的香港人，也說着同一番話。「我唯一的盼望是，我的兒女能成為真正的『德國人』吧。」意大利叔叔在旁邊一直沉默，這時卻開口：「我來了德國 46 年，德文仍有口音，大家都知道我不是德國人。但我不能回意大利，去旅行還可以，但回去生活？憑什麼過活？我已經不認識意大利了。」

來了幾十年的，還可以放開一切，談那似遠還近的家鄉。年輕的，有時是不敢問。也門小男生來了德國兩年，下年會在紐倫堡附近念大學，現在先在工廠裏打工儲錢。「我是自己一個人來的（I come here alone）。」他說。你不會夠膽追問，他家人在哪？有匈牙利的女生，26歲，來了五年，都在做外判工，生活不穩：「上個月我開工不足80小時，只有540歐羅，我不知道自己要怎樣生活下去。」

這些片段，很平凡，很零碎。

但，似乎令我對「鄰舍」有一種比較立體的認知。

離開本家　發現各族共通點

在自己最平常的生活中，你會以為你跟不同膚色、信仰，或文化的人，有很大的差距。就如在香港，華人是大多數，我們會以為自己跟印度人、非洲人、泰國人、東歐人等等有很大的差距。但當你離開本族本家，跟他們進到同一個處境，在同一所工廠，幹同一份差事，就會發現，其實大家的共通點還真多。我們説着一樣爛的德文，幹着一樣重複的工作，説着大家也明白的笑話，講到心裏共有的鄉愁。

要做一個好鄰舍，我覺得是要學會超越許多表面的、社教化出來的界線。把「歐洲人」、「香港人」、「非洲人」、「亞洲人」，甚至「男人」、「女人」等等，都先放下，嘗試把大家就看回是一個人。最基本的，一個上帝所造的人。我們彼此的分別不大，都有罪性，都有光明。所以，也可以嘗試互相理解，彼此明白。

其實，一年的旅程，還不夠好好的去明白世界，但至少給我們機會，不斷學習「穿上別人的鞋子」（step into others' shoes），投入別人的處境，開始稍稍理解作為鄰舍應有的視點和心懷。

但返回最基本步，我覺得，還是要先學會把自己、把別人都放在一個平等的位置，不卑不亢，尊重大家的自由和主體性，才能成為一個鄰舍，真正的與人同行。

註釋

1. 我們是用HelpX網站尋找打工換宿，只要申請人在東道主（host）家工作，就可以獲得免費食宿。有些東道主還會帶我們去玩和旅行。
2. 「打工換宿」的目的是文化交流，而不是請工人。所以HelpX的指引是，每天最多只可以工作六小時，當然也是有彈性的，只要和東道主保持溝通就好了。

（本文照片由作者提供。）

司徒咏姍，膽小內向，卻做了記者，因為很喜歡聽故事。做過報紙、雜誌、網媒，最後發現還是跨媒體最好玩。現時為網媒「一小步」（www.littlepost.hk）監製，專注發掘香港社區營造故事。

羣體

成為鄰舍

終末時代
作鄰舍的福音見證

陳競存

不經不覺「天國國民教育」系列已經出版第三冊，一直以來，我們的想法是幫助信仰羣體按《聖經》教導，在這個多元文化的社會處境，理解自己的角色定位，並且表明相應的見證，好履行上主給教會託付的使命。這一冊，我們以好鄰舍的教導作為主軸，除了與大家一同再思《聖經》的好鄰舍教導要旨，亦特意邀請一些在前線服侍社區的信徒，分享他們如何踐行作好鄰舍的教導，期望能夠同時為大家提供理念與實踐的參考。

這篇文章，我想就教會羣體——作為天國在地上的記號和見證，在這終末的處境的角色和使命再做一點釐清和補充。雖為狗尾續貂之舉，仍希望能為大家提供思考上的不同向度。

功利主義下　眾人皆陌生

關於好撒瑪利亞人的故事，前面幾篇文章已經有充分的討論。尚有一點值得我們思考的，是關於如何看待陌生人的題目。現代都市生活的形式，加上個人主義文化，使人與人之間的關係變得薄弱，甚至疏離。現代人的羣體意識極其薄弱，加上資本主義文化的潛移默化，使人們對人際關係的理解和判斷，往往離不開個人利益的計算。個人對一個羣體的認同和歸屬，不自覺地以個人利益作為合理化的條件。個人是否委身於一個羣體，端視其能否為自己帶來任何直接或間接的好處。在這種以個人主義為本的功利文化底下，任何人都毋須為別人的遭遇負上任何責任，於是所有的他者，其實都只是不同程度的陌生人。

福音派教會的佈道策略與取向，亦多偏重強調信仰的個人性，着重個人對信仰所作的委身決定，無關乎家人朋友，其本意是避免未經個人思考的家族式信仰。但此舉反而使信仰變得個人化，間接導致信徒忽略了信仰的羣體性；彼此的關係，往往亦僅限於形式上，少有深入的交往，更遑論生命相連。所謂的肢體關係，基本上可以用名不符實來形容，而這種狀況在大型堂會更變得無可避免。大家每週回到同一個堂會聚會，一起崇拜，卻是老死不相往來。除了同屬一個團契或小組的成員還有些交往，其他會友實在跟陌生人無異。當這種陌生人的感覺在羣體內存在，大家習以為常，也許我們已經讓世俗個人主義所帶來的疏離（alienation）侵蝕了信徒羣體，使教會分別為聖的見證和能力受損。

我們雖眾　仍屬一體

主耶穌設立聖餐前給門徒一道新命令，就是彼此相愛。聖餐跟彼此相愛有什麼關係呢？大多數時候我們守主餐都是在記念祂為我們死，讓我們可以因信得生，卻少有提及羣體一起領受聖餐，同領受主的身體，我們也彼此分享對方血肉生命的意思。主耶穌說，你們若有彼此相愛的心，眾人因此就認出你們是我的門徒。也就是說藉着彼此相愛的見證，展現了我們因為基督的原故，彼此成為一個身體。當我們的信仰羣體沒有彼此相愛的見證，看起來更像形同陌路的宗教消費者，別人就無法看到基督的愛，是如何叫人彼此復和與結連。當信徒羣體成員之間，不過是互不相干的陌生人，那代表我們仍然是一座一座的孤島，彼此的牆並未有因為耶穌基督而拆毀。未能見證我們是生命相連，相互依存的，結果我們亦無從見證基督的愛。

一直以來不少的傳統教導都傾向強調，愛鄰舍是信徒要努力實踐的德行。雖然愛人如己乃是主耶穌重視的律法教導，我們卻少有再思考愛鄰舍的教導背後深一層的意義，實與福音信仰的核心緊緊扣連，甚至可以說是構成拯救的一部分。信徒羣體先是彼此相愛，伸延至對鄰舍的愛，回應保羅在〈以弗所書〉提到的「將兩下合而為一，拆毀了中間隔斷的牆。」（二 14 下）

基督在十字架上拆毀了人與神之間的牆，讓神人得以復和，從而也使得人與人之間的復和變成可能，讓由罪帶來的人際裂痕，甚至是鴻溝，得以修補。人與人之間的差異、隔閡、敵意和彼此傷害，昔日由巴別塔帶來的咒詛，藉着在基督裏同歸於一，終於被解除了。由互不相干、排拒、仇視的陌生人，得以重建肢體的關係，相互和好，生命與血脈彼此相連，正是福音的復和信息。

因此愛鄰舍並不是眾多要遵行的律例的其中一條，而是關係復和的福音見證。教會羣體內的復和，讓陌生人變成對方生命的一部分，見證了即使背景、地位、條件和個性迥異的人，因着基督得以成為一樣的神的子民。而這羣體對鄰舍的愛與接納，不僅是憐憫人，做好事；而是這合一羣體伸延的邀請，讓那些本來陌生的人，同樣得以被確認為神的兒女，就像羣體內的每一員，彼此血脈相連、憂戚與共、無分彼此，因着基督的愛，得以進入應許之約，在基督裏同歸於一。

救世主情結萌生

不少熱心關懷社會問題和服侍社區的信徒，經常會引用〈彌迦書〉六章8節，「世人哪！耶和華已指示你何為善。他向你所要的是什麼呢？只要你行公義，好憐憫，存謙卑的心，與你的神同行。」作為行動的信仰基礎。認為作為信徒應當關心所身處的社區，並且積極行動，以分享和見證基督的愛，亦正是行公義和好憐憫的具體實踐。然而引用此段經文的信徒，可能未對處境與自己的行動經過太多辨識，便深信自己所做的，就是行公義、好憐憫。值得注意的是這段經文在提及行公義、好憐憫以外，同時還提到「存謙卑的心，與你的神同行。」而後者似乎是比前者更為重要的基礎要求。這個重點的轉移，卻足以改變了我們對這經文要旨及其踐行的理解。

在這個罪與被罪的扭曲世界裏頭，我們都要正視一個必然的困局，就是即使我們如何真誠和努力地為他者謀求好處，都不見得所作的必然是善。不管我們對客觀的處境有多少掌握，亦不能保證所提出的策略和作法，必然令公義更為彰顯、軟弱者更得憐憫。當你以為某些行動可以為某些人帶來公義，卻未料到可能會為另一些人帶來不公義，或者缺乏憐憫；反之亦然。又或者當你令眼前的處境看起來變得更公義的時候，又會否帶來了一些長遠的不公義呢？可見我們對行公義、好憐憫所能夠掌握的，實在非常有限。因此當我們想要行公義、好憐憫的時候，就不能夠不伴隨着「存謙卑的心，與你的神同行。」

面對社會上一些不公的現象，又或者貧病老弱的處境，人們很容易會生出一種救世主情結（messiah complex），總覺得自己應該要做點什麼改善境況。然而這段經文提醒我們，正正是當我們有這種心腸的時候，更需要仰望上主的心意和保守，別將自己當成了拯救世界的基督。唯有上主的保守與帶領，確保我們不會自以為義，而誤墮另一種權勢的陷阱。將自己以為善的想法，強加在他人身上。畢竟正如前述，即使我們對身處的境況與問題進行了深入的了解，作出周詳的策略計劃和部署，但無法掌握的變數卻永遠存在。以致任何改變現況的行動，都會存在兩面的影響。

這當然不意味我們就什麼也不用計劃，更不是什麼也不該作。相反，我們要更謙卑地開放自己，不要被自己看見的處境和手頭上所有的條件限制，以為只能夠按所有的資源，回應眼前的問題。我們所相信的上帝，是一個超越現實處境和限制的上帝，在面對不公義和無憐憫的境況，唯有祂知道我們可以怎樣運用手上所有的，和那些我們尚未看見的，更知道我們最應該作的是什麼，好讓咒詛藉着祂變成祝福。唯有當我們存着一個開放的心，將各種各樣行公義、好憐憫的想法交到上主手裏，不讓自己的想法限制上帝的工作，才能免於墮進救世主情結和現實主義的成效計算框框，得見上主那超過人所想所求的恩典和祝福。

終末時代經已揭幕

長久以來，不少熱心於改革社會的信徒，往往忽略了天國降臨的終末性，以致當面對世界的幽暗，難免有一種捨我其誰的使命感，覺得自己正是這時代被選上的人，要按着基督精神，去改變世界，帶來光明。於是改變的成效多寡，就變得至關重要。這種心態最大的問題，乃是誤解了耶穌基督的降生、受死和復活，並未能改變這世界，只是將這使命交託給門徒，正待一代一代的信徒，努力將天國的真理實踐於世上。

然而事實正好相反，終末已經藉着耶穌的受死和復活，臨到地上，在我們的時代正式開展。正如主耶穌在十字架上所説的，成了！祂已經成就了一切，藉着祂得勝了死的權勢，信徒不再被這世界的權勢所轄制，並且勇敢地宣告祂的掌權。上主在終末的完全得勝，藉着基督的復活給我們預見了，成為我們面對並勝過世界一切挑戰的確據。終末的開展意味着世界不用再伏在那惡者的手下。一切的苦難、憂傷、痛苦和幽暗，都不能再成為人的捆綁，主耶穌的復活已經為世界帶來了盼望。

信徒從耶穌那裏得到的，並不僅是一些有待我們實現的天國道理、教導，而是祂以生命為世界帶來的盼望。作為祂的見證人，我們並不用再靠賴己力去力挽狂瀾，嘗試改變這個絕望的世界；而是藉着各樣的宣告和行動，作為記號，讓世界得見這復活的盼望。就像主耶穌在世上所行的神蹟和教導，並不是要醫好當時巴勒斯坦所有病人，亦不是要令猶太全地的人都聽從祂，而是作上帝在世上的記號，讓人知道祂的國度已然臨到世間，應驗了施洗約翰的話説，天國近了！祂的國度藉着祂自己臨到人間，是既濟未然，但卻已經真實成就在跟從祂的人當中。

教會並不是天國，卻是讓人看見天國的記號，要讓世界在黑暗當中得見光。因此信徒羣體要在世上踐行祂的心意，行公義、好憐憫，好讓世界知道盼望所在。信徒羣體所作的，並不是要努力改變世界，而是告訴這世界，主耶穌已經勝過世界，天國已經降臨人間，我們可以藉祂得着盼望，不再被地上的權勢和眼前的問題所捆綁。明乎此，我們就不用再誤以為信徒關心社會，行公義、好憐憫，是要用盡各樣方法去改變世界，令這個世界變得更美好。上主給我們的使命，比起這種想法更具挑戰性，就是要我們不被眼前這不完美的世界所迷惑，以為這個世界真的糟糕透頂，我們必須要做點事才能令它變好。藉這超越的視野，看見主耶穌已經讓所有信靠祂的人，帶來了全新的應許和盼望。世界雖然很糟糕，可是主耶穌已經解決了最重

要的問題：罪和死亡。我們不用再費盡心力要扭轉頹勢，只要藉着羣體的踐行，叫世界得見盼望之所在，讓更多人可以藉着耶穌，從幽暗與絕望的世界得着釋放，這才是教會羣體在世的使命。

結語

教會作為社區的好鄰舍，並不是另一個社服機構，亦不是要取代不義的掌權者，改變不完美的世界。教會的使命是傳揚福音，而福音的見證，乃是讓不同的人能夠因着基督的原故，與陌生的他者復和，彼此重建關係，生命相連；福音是在絕望的世界當中，看見主耶穌已經得勝了罪和死的權勢，為這世界帶來了出人意外的盼望，凡是願意相信和經歷的，都可以從世界的權勢當中被釋放。但願教會能夠忠心，在所處的城市、社羣當中見證這福音的盼望。

陳競存，少年時代流連街頭，學人跟大佬做「嚫」，過着邊緣生活，後來由於怕死和覺得無聊，迷途知返，先後於台灣和澳洲進修，回港後於突破機構落腳，搞研究及發展工作。曾進出於中國神學研究院，近日又出入於香港浸信會神學院，確保自己能繼續當「神學生」。深信個人與文化均需要被救贖，故努力推動啟導文化更新，激發青年人反省及探索生命的工作。著有《不要弄污大佬的西裝》。

Cyber

褪色的
天國子民

站在天國國民的視點上，上主啊，我懇切祈求給我世上國籍的中國，有祢對萬民的關愛，也有更廣的普世視野……

陳佐才

聖公會法政牧師

行在地上的
天國子民

教會羣體所傳的福音，是天國的福音，當我們效法主耶穌祈禱「願你的國降臨」，就意味着教會羣體要進到世界當中，面對這世界當中各種的不公義與無憐憫……

陳競存

Who is **My Neighbor**

「天國國民教育」書系

Who Is **My Neighbor**

「天國國民教育」書系